Crónicas de Motos

Roni Bandini

Copyright © 2012 Roni Bandini

All rights reserved.

ISBN: 1478343796
ISBN-13: 978-1478343790

"I ride the big ones!, the really big fuckers!"

Hunter S. Thompson
Fear and Loathing In Las Vegas.

RONI BANDINI

CONTENIDOS

1	Prólogo	1
2	Agrale 200, Camboriú	3
3	Gilera 150 Sport, Buenos Aires	5
4	Kawasaki Vulcan 750, Santa Catarina	69
5	Harley Sportster 833, Chicago	73
6	Honda Shadow 750, Florida Keys	93
7	Acerca del autor	109

1 PRÓLOGO

Mi primer recuerdo de una moto viene del año 1982.

Por aquel entonces mi viejo vivía en San Pablo y recorrió 1.800km hasta Buenos Aires a bordo de una Kawasaki Shaft KZ1000. Lo vi bajar de la moto con bolsos, regalos y una rubia exótica. A mis ojos, la moto era un objeto mágico.

En los noventa subí por primera vez a una moto y terminé contra un alambrado de púas. El susto me duró muchos años pero nunca dejé de tener sueños en dos ruedas, por rutas lejanas.

Un día tomé la decisión de superar el miedo. Con esa puntería que tiene el azar di con una Gilera Sport de 1958, cuyo único mérito era que conseguía arrancar. Tuve un primer año penoso, de patinar en aceite, de buscar piezas sin encontrarlas y de arrastrar la moto pero finalmente pude ponerla en condiciones.

Después vino la aventura de armar un grupo de motos

clásicas, el viaje a Brasil, la Ruta 66 y la US1.

Hubo días de invierno, con lluvia y frío, a mi lado pasaban autos modernos, adentro de los autos gente confortable y calefaccionada, mirando películas en DVD. Y lo único que yo podía sentir era lástima. Lástima de ver como trasladaban la experiencia del living al camino. Porque el camino definitivamente es otra cosa. Es circular conquistando cada centímetro de asfalto, es la incertidumbre, el clima, la gente y sobre todo una experiencia transformadora

Las crónicas que siguen debajo fueron escritas en distintas épocas, para distintos públicos pero son todas parte de un mismo viaje.

2 AGRALE 200, CAMBORIÚ

Sur de Brasil, año 1989. Mi viejo había recibido en parte de pago una moto Agrale 200 y se le ocurrió enseñarme a manejar. Abrió la reja, arrancó la moto y me explicó:

- Esto es el embrague...acá están los cambios... abajo, arriba, arriba, arriba...tocás acá...acelerás y listo.

Subí a la moto, metí primera y salí andando en zig zag. En algún punto el motor se empezó a quejar y conseguí pasar a segunda. Recuerdo que había unas chicas en la entrada de una casa y me vieron y yo estaba alto y erguido y traté de sonreír pero me pareció que no iba a poder sonreír y dominar la moto así que me concentré en mantener el equilibrio.

Entonces la calle se cortaba y era necesario doblar a la izquierda, bordear veinte metros y doblar otra vez a la derecha. Doblar ya era complicado pero además se sumó un auto que venía por la derecha.

Conseguí esquivar el auto pero en lugar de retomar, seguí doblando y me metí en U. Ahí la Agrale se empezó a ir para la vereda y yo me clavé al acelerador. Subí al cordón, salté un cantero y me di de frente contra un alambrado de púas.

Esto que parece terrible en realidad me salvó. El alambrado de púas amortiguó el golpe y me hizo soltar el acelerador. Abrí los ojos. Miré alrededor. Yo estaba inmaculado y la moto también. Ahí perdí el equilibrio y la moto se empezó a caer de costado. Como acto reflejo me agarré del alambre de púas. Volví arrastrando la moto. El manubrio chorreaba sangre.

No me subí a otra moto en quince años.

3 GILERA 150 SPORT, BUENOS AIRES

Me compré una Gilera Sport 1958 a través de un aviso en la revista Segundamano.

La Gilera vino sin papeles y apenas conseguía arrancar, los cambios patinaban, la batería no recargaba, chorreaba aceite y largaba una humareda blanca por el escape.

Aprovechando un período de reempadronamiento conseguí anotarla a mi nombre. Le arreglé la tapa de cilindro, la recarga de la batería, la palanca de cambios. Conseguí el manubrio original y el velocímetro. Le puse la cresta Gilera. Un poco más tarde armé el sitio web gilera150.com.ar y subí cinco fotos de la moto. Algunas personas visitaban y comentaban así que se me ocurrió organizar un encuentro: sábado a las 15hs en Lacroze y Fraga.

No vino nadie. Dos semanas más tarde volví a probar. Puse el mismo anuncio y no vino nadie. En casa, la rubia me cargaba. Decía que mi vocación era la organización de eventos.

Entonces se me ocurrió que la gente no venía porque faltaba mística. Me puse a redactar una crónica apócrifa, edulcorada de la primera salida y la colgué en el sitio.

Crónica apócrifa

El viernes a la noche solo tenía una confirmación para el grupo de paseo y era del Lungo. Me decía que podía pero que tenía que ser a las doce y partiendo de Recoleta porque le quedaba mejor para llegar desde Boedo y tal y cual cosa. Era mi único compañero de calle para el sábado así que acepté todas sus condiciones.

El sábado a las 12:05 mi Gilera surcaba el asfalto brillante de Avenida Del Libertador. Di una vuelta por Pueyrredón admirando la belleza de una modelo en la gigantografía de una revista y ahí sobre la plaza estacioné mi moto al lado de la Gilera del Lungo. Me dio la mano con su guante de cuero cortado, un poco húmedo. "Gotas de aceite" me avisó, por las dudas si yo pensaba que era una sustancia menos noble.

Me comentó que estaba a la espera de un mail de un tipo de Santa Fé por un silenciador de aluminio. Hablamos de eso y de pintura. Le comenté que mi Gilera tenía el velocímetro original pero sin la tripa y que para mí era imperioso colocársela aunque la medición de velocidad no fuera exacta.
En eso se acercó una pareja de españoles. El tipo era un gallego común de cuarenta y tantos. La mina era una hembra perfecta, más perfecta todavía por el acento. Se acercó a mi moto y me dijo:

- Puesh que linda motozicleta pero she ve que le hash cambiado el maniyar...

Se me puso la mente en blanco, tardé en entender que por manillar quería decir el manubrio. El manubrio de mi Gilera es original de una Super Sport pero está colocado al revés porque me estaba jodiendo las muñecas con la posición. Le dije que sí, que no, que más o menos. El Lungo mientras tanto miraba los ángulos de la galleguita sin disimulo.

El gallego a todo esto estaba pintado. Miraba la plaza Francia hipnotizado por el sonido de las batucadas. Le contamos a la gallega que éramos parte del grupo de Paseo de Gilera Argentina y que teníamos que partir. La gallega se quiso sumar. Preguntó si podía ir en una de nuestras motos. Lo miré al Lungo, el Lungo me miró. Mi Gilera tiene asiento monoplaza y nunca llevé a nadie, es una cuestión de principios, un pacto que tengo con mi moto: nunca subir a nadie y a cambio nunca me va a dejar tirado. La moto venía cumpliendo su parte y yo tenía que cumplir la mía. La Gilera del Lungo podía acomodar una gallega pero me di cuenta inmediatamente de que el Lungo prefería pasear con sus piernas kilométricas en pura extensión, sin molestias ni problemas de balance.

Le dimos un beso a la gallega, intercambiamos emails y arrancamos las Gileras. La plaza de Recoleta guardó el eco de nuestras motos un segundo después de que hubiéramos partido por Libertador hacia el bajo.

Eso fue todo lo que hizo falta para encender la mecha. Las visitas y los comentarios en la página se multiplicaron. Los gileristas empezaron a consultar por la próxima salida.

Anuncié entonces una salida partiendo de Pampa y Libertador.

Cuando llegó la primera persona al encuentro se

presentó y me preguntó mi nombre. En aquel entonces yo contaba con mi nombre de documento, asociado al rubro informático y mi seudónimo de escritura, asociado a la literatura.

Por algún motivo, me pareció que ninguno iba bien con las motos. Me presenté como "Sebas" sin la menor sospecha de la cantidad de personas que me iban a llamar así de ahí en más.

San Telmo

Sábado, 3:45pm. Venía comiendo camino por Libertador rumbo al punto de encuentro cuando sentí un impacto en el casco: tup. Pensé que me habían tirado un tornillo. Después otro y otro. Cuando entendí lo que pasaba ya estaba completamente empapado, con el jean pegado a las piernas y la remera blanca pesada, marcando el contorno de los brazos. Eso sí, mi Gilera 150 por fin se adjudicaba algo parecido a una lavada.

Había poco tráfico por Libertador afortunadamente porque no llevaba gafas y los perdigones de lluvia no me hubieran dejado ver un camión con acoplado pintado en verde fluo. Atravesé el túnel de Libertador, crucé el semáforo en rojo y me puse a resguardo bajo el techo de la estación.

Ya sabía que no iba a venir nadie. En los otros encuentros a puro sol, apenas había logrado sumar una moto. Estaba recordando estos paseos cuando se acercaron dos pibes en bicicletas modernas todo terreno. Los saludé y les pregunté si les gustaban las motos clásicas. Resulta que estaban ahí a causa del encuentro. Habían leído la convocatoria en el sitio web. Todavía no tenían sus Gileras pero pronto las iban a comprar. Al rato apareció otro flaco en bicicleta. Era Nicolás, un asiduo lector del sitio que tenía su Gilera Spring desarmada por reparaciones.

No querría ser malinterpretado, estaba contento y halagado de haber convocado a tres personas un día de lluvia pero hasta el momento parecía más bien el encuentro de "Pedalear es salud"

Hablamos de reempadronamiento, de repuestos y mecánicos, de precios y nafta. Entonces distinguí entre el ruido del tráfico el sonido inconfundible de una Gilera. Abriéndose paso por Pampa apareció un amigo llamado Poio con su Gilera Giubileo 175. Todos conocíamos la moto por las fotos del sitio pero verla de cerca era impresionante: llena de detalles, la tapa del tanque plateada, la insignia en relieve, el brillo en la pintura y el porte general de la moto.

Estábamos admirando aún la Poioneta cuando hizo aparición la Gran Turismo de Carlos. El registro de ese escape era preciso, ajustado, ronco, indudablemente Gilera. También conocíamos la moto por las fotos del sitio pero los detalles solo se revelan al tenerla al lado: la llave del cebador, las diferencias con las 150 en el tacómetro, el cable del embrague, las curvas del tanque y el sonido: ante todo el sonido.

Estacionamos las tres motos a 45 grados y se fue armando un entorno, un escenario vintage en la esquina. Los automovilistas disminuían la marcha para apreciar esa exhibición improvisada.

Por último apareció Fernando, a pie, con su novia y el perro. Nos contó que tenía la Gilera en el taller pero que se iba a sumar para el próximo paseo.

Sacamos fotos, filmamos un video y al rato decidimos partir. Ya no llovía y el cielo mostraba una leve mejoría. Nos pusimos los cascos, giramos las llaves de contacto y pateamos los arranques. Los motores de las Gileras rugieron, cada uno en su propia frecuencia, como las melodías de una armonización compleja.

Nos despedimos de los gileristas que se quedaban, dimos la vuelta, cruzamos el túnel de Libertador y a la altura de Lacroze pusimos las tres Gileras a la par. Ahí adelante, las calles de Buenos Aires se desplegaban como una alfombra roja para una tarde memorable.

Avanzábamos por la avenida y noté que los tres mostrábamos un comportamiento típico del Gilerista clásico: se trata de un constante giro de cabeza hacia los lados por ausencia de los espejos. También había algo en la postura, como una inclinación del cuerpo en pendiente negativa, una rigidez soberbia para sostener el manubrio.

Pasamos de largo plaza Francia, Catalinas, Corrientes y subimos por Independencia. Hicimos unos rodeos repiqueteando por el adoquinado de San Telmo y subimos las motos a una esquina cómoda frente a un bar llamado El Federal.

Nos sentamos en una mesa sobre la vereda para vigilar las Gileras que enfriaban motores y armonizaban con la atmósfera detenida en el tiempo de ese clásico barrio porteño.

La moza vio mi casco sobre la mesa y dijo:

- Yo una vez hice un casco para una instalación de una artista plástica, lo pinté de blanco y le puse dos gnomos pelirrojos que cargaban cestas de moras envenenadas por un paisaje lleno de casas con techos a dos aguas incendiadas.

¿Qué se supone que teníamos que contestar? Miré a Poio y a Carlos, miré el casco, le dije a la moza "Ehem… macanudo… ¿pedimos cerveza?" Poio explicó que no podía tomar alcohol debido a una promesa, yo hacía tiempo que había dejado de respetar mis promesas pero pedí un jugo de naranjas para no desentonar.

Hablamos de mil temas, de todo y de nada, de los otros grupos de motos, de oportunidades perdidas, de la ruta 66, de la ruta 40, del efecto del empedrados en las tuercas, planificamos un próximo encuentro y definimos los lineamientos para incrementar la convocatoria.

A todo esto la tarde iba pasando y Carlos se disculpó porque tenía que ir regresando. Acordamos volver juntos por el bajo. Subimos a las motos, Carlos y el Poio arrancaron sus Gileras. Yo me cansé de dar patadas y mi 150 se agotó más ahogada que Alfonsina Storni.

Le dije a Carlos y a Poio que siguieran camino, que me iba a arreglar pero hay algo entre los motoqueros, mezcla de karma y principios, una norma de facto, una regla de oro que consiste en nunca dejar a un compañero atrás. Me ayudaron a empujar la moto varias veces y la arranqué en segunda pero el motor ahogado aguantó apenas unos metros. Patee a morir y a todo esto la batería terminó descargada y agonizante. Se juntaron tres, cuatro personas, querían hablar de las Gileras. Para nosotros no era buen momento.

Fuimos hasta una gomería, nos habían dicho que había un arrancador de baterías. Nos atendió un gordo de 15000 kilos, un buda apoltronado que nos negó el arrancador con esa actitud de la gente encerrada y retorcida.

Abrí las alforjas y saqué un par de herramientas. Limpiamos la bujía y desahogamos la moto dando patadas en falso. Al rato conseguimos el milagro: la moto arrancó con un rugido animal.

Sin perder tiempo me monté y la saqué rodando. Poio y Carlos venían detrás, custodiando mi andar precario. Esas cuadras de San Telmo fueron no aptas para cardíacos. Mi Gilera a punto de apagarse avanzaba como un ciclomotor Juki por una duna de arena. La tensión en los brazos se trasladó hasta el cuello. Necesitaba una onda verde para acelerar a fondo y recuperar la fe. Levanté la mirada y vi como el verde pasaba al amarillo y al rojo irreversible. Estábamos perdidos, el motor se iba a morir.

Giré la muñeca y puse las revoluciones al tope, aprovechando la pendiente. Esquivé un Fiat Uno y un Gol y doblé dejando una estela de humo blanco por Paseo Colón. Cuando enderecé la moto, supe que ya no se iba a apagar, supe que podía llegar a casa y hasta cualquier otro lugar.

Más adelante me alcanzaron el Poio y Carlos. Atravesamos la geografía porteña con normalidad, comunicándonos con gestos y señas mínimas, divirtiéndonos con la aventura de las pequeñas cosas.

Nos despedimos en una esquina de Colegiales al final de la tarde, con la seguridad de haber marcado las bases para muchas cosas que estaban por suceder.

A la crónica esta vez se sumaron las fotos de las tres Gileras. El tráfico en la página explotó. Convoqué una nueva salida.

Costanera

Los días que tengo paseos Gilera siempre me asalta una duda. <<¿Y si no arranca? ¿Y si está ahogada? Soy el peor canuto… tres años con la misma bujía… ¿Tendrán aire las gomas? Seguro que la nafta se evaporó>>

La mañana del domingo pensaba todas estas cosas mientras me acercaba a la Gilera. Al final tomé coraje, metí la llave, la puse en contacto y le di patada. El sonido milagroso de la moto inundó la cochera. Tenemos un trato injusto con mi Gilera. Como esas relaciones con una mina que está muy copada: le doy poco y ella me devuelve mucho.

Dejé la moto regulando. Siempre me gusta escucharla un poco antes de ponerme el casco. Es otro sonido, un ruido más lleno, crudo. Salí por las calles semi desiertas y miré el reflejo de la moto en una vidriera: las curvas voluptuosas del tanque de la 150 me emocionaron como el primer día.

Cargué nafta en la YPF de Alvarez Thomas y bajé por Lacroze hasta el punto de encuentro. Era temprano pero la ansiedad me hacía girar la muñeca al tope. El motor respondía como un mecanismo suizo de relojería. Llegué al punto de encuentro y subí la moto al caballete. No pasaron dos minutos cuando vi en la mano de enfrente la Gilera 150 SS de Marcial. La postura de cada Gilerista sobre su moto dice mucho de su carácter. Marcial iba relajado sobre el manubrio, con un aplomo de esos gileristas de muchos kilómetros. En la parte trasera del asiento biplaza, su mujer, también muy cómoda y acostumbrada al andar de la Gilera. La moto de Marcial es una de esos rodados que andan y andan y llevan sus cicatrices con orgullo. Un digno exponente de la durabilidad y confiablidad de esta marca.

Al rato se acercó Carlos, venía a pata. Me asusté. No podía ser que uno de los tres mosqueteros se hiciera presente sin su caballo – en este caso la legendaria Gran Turismo – Carlos me dijo que tenía la moto estacionada adentro de la estación. Nos saludamos y empezó a suceder ese momento mágico: la llegada en serie de las motos, cada una con su sonido, cada una con su historia a cuestas.

Apareció Leo con su Naranja Mecánica – una Giubileo naranja sólida y misteriosa –, Pablo con su Macho 200 extremadamente vistosa y lustrada, Poio con su ya famosa Giubileo, Ranguli a bordo de la moderna y alta Macho 76 y cuando parecía que nada más podía pasar llegó Damián con una camioneta y su flamante 150 SS heredada del viejo.

Al rato llegaron más gileristas sin sus motos como Nico de la Spring, dos chicos que todavía están eligiendo su Gilera, otro que vino con las manos engrasadas y la peor expresión de desilusión al no poder formar parte, un señor que vino con una moderna Yamaha junto a su hija y más y más gente.

Las Gileras estaban dificultando el tránsito por esa esquina y Carlos que siempre está atento a los detalles propuso definir un esquema para circular sin contratiempos. Decidimos ir en formación: Poio y yo adelante, Carlos atrás, segundo carril, a medio acelerador, disfrutando a pleno del día que se abría. Arrancamos las Gileras.

Yo estaba con muchas ganas de cruzar Libertador en contramano para apuntar hacia el lado del paseo. Es que la distancia más corta entre dos puntos siempre fue una recta pero claro, no estaba solo, éramos ocho Gileras. Dimos la vuelta, como dios manda y apuntamos las motos hacia el centro. Se abrió el semáforo y nos metimos en el túnel. A la salida giré la cabeza y miré la caravana. Las Gileras iban saliendo de las sombras, se revelaban como una polaroid mágica y se iban transformando en movimiento.

Cuando circulás en paralelo con otra moto, las primeras cuadras siempre son raras. Se adelanta uno, se adelanta el otro, te quedás atrás, el otro se queda, vos pasás para adelante. Entonces en un momento ya no pensás, simplemente te dejás llevar, relajás los brazos y las motos circulan naturalmente en perfecta formación.

Comimos el asfalto hasta la 9 de Julio sin mayores contratiempos, sacando uno que otro semáforo en rojo que nos cortó la organización. A esa altura mi moto empezó con el show de humo. Tengo mi Gilera 150 desde el 2004 y ya sé que no es algo grave pero podía adivinar las caras de preocupación de los gileristas que venían atrás. Estaba por explicarles que mi moto siempre larga humo y que había pensado incluso en bautizarla "Cohiba" entonces me di cuenta de que no estaban preocupados sino intoxicados. Decidí para próximos paseos, circular atrás.

Íbamos por Alem cerca de la casa Rosada Y tuvimos un pequeño desentendimiento con el carril. En dos pestañeadas lo vimos a Marcial que iba por otra línea directo a la Rosada. Le hicimos una señas y unos metros más adelante, volvíamos a ser ocho motos en formación.

Dimos la vuelta por Av. Belgrano, tomando cien metros de contramano, que fueron pura y exclusivamente mi responsabilidad. No obstante, este contramano se dio por un pasaje empedrado y creo que nadie se dio cuenta porque estaban todos saltando como en el Samba del Italpark.

Tras cruzar Av. Belgrano quedamos frente a la Gendarmería. Casi todas las motos estaban reempadronadas, salvo la de Marcial -

que igual circula por todo el país despreocupado - y la de Damián que circula bastante más preocupado. Pasamos frente a Gendarmería rodeando las motos sin patente. Mientras avanzábamos le di una mirada al grupo y me pareció muy gracioso, las expresiones de "yo no fui".

Dimos unas vueltas y paramos frente a un puesto de Bondiola al pan. El dueño del puesto era un hombre en miniatura subido a una tarima, una especie de Chucki con esteroides que cortaba carne con movimientos criminales. Carlos y yo negociamos un precio para gileristas y al rato estábamos todos comiendo y disfrutando de un sol curiosamente agradable para Mayo. La gente paraba y sacaba fotos. También fueron llegando algunos gileristas sin moto. Apareció Antonio con unas fotos increíbles de su Gilera en restauración. También apareció Tincho para contar sobre su Gilera 150 y un amigo de Pablo.

Después de la comida, formamos las ocho motos a 45 grados, sacamos fotos, filmamos videos y finalmente partimos para hacer unas tomas en movimiento.

Entonces llegó el momento de las despedidas. Carlos tuvo que salir apretando acelerador por un desentendimiento temporal de su GT - que finalizó con una visita al popular mecánico Pedro - Marcial tomó una ruta, Ranguli otra y el resto subimos por Libertador. Comimos asfalto sin mayores contratiempos, entonces a muy poco de la llegada, se quedó la 150 de Damián. Y no hubo caso. Parecía tener batería, parecía que llegaba la nafta, parecía que había chispa. Todo se veía bien pero la 150 estaba muerta como Elvis. Damián pateaba y pateaba el arranque. Entonces se acercó un pibe, salió de la nada, del medio del bosque y contó que tenía una Gilera y me empezó a mostrar fotos de una linda 150 en su celular. No quería ser descortés pero estábamos con un problema inmediato que requería solución así que lo invité al próximo paseo, me despedí y seguí asistiendo a Damián.

A mí me pasó en el encuentro anterior - aunque después salió andando - y podía entenderlo perfectamente. Que se te clave la Gilera en un encuentro es un poco como quedarte impotente una noche con la mejor chica del barrio. Damián pedía disculpas sin saber que no eran necesarias. Ese es el primer punto del Manifiesto Gilera: NUNCA SE DEJA A OTRA MOTO DETRAS. Damián se subió al asiento biplaza de Leo y partieron a buscar la camioneta. Poio, Pablo y yo nos quedamos custodiando la Gilera y charlando de las motos y la vida.

Damián mucho no conocía de Capital y le dimos unas instrucciones algo confusas que desembocaron en un terrible contramano lleno de tráfico pero finalmente llegó, cargamos su moto en la camioneta y nos despedimos.

Por mi parte, la 150 "Cohiba" estaba empezando a mostrarse inquieta y tenía que acelerar a fondo si quería llegar a destino sin remolque. Me despedí de Poio, de Damián y de Pablo y salí echando humo por la rotonda.

En mi cabeza se iba armando la imagen perfecta del encuentro siguiente. Podía ver una larga fila de motos Gilera brillando bajo el sol. Pasé a cuarta, aceleré y respiré profundo.

Con algo más de organización, planifiqué una segunda salida a San Telmo.

San Telmo II

Sábado por la noche. Mi vieja me invitó a cenar y mientras estaba clavando el tenedor en un profundo plato de fideos, escuché que decía "Anuncian lluvia para mañana" Solté el tenedor y pregunté "¿A qué hora?" Mi vieja no entendía mi repentina preocupación por el pronóstico meteorológico. Le había dicho que iba a estar ocupado todo el domingo con una novela nueva.

Es hora de confesiones y les digo: mi vieja no sabe que tengo moto, mucho menos que coordino el sitio web de Gilera. No me voy a poner a explicar las causas. Algún que otro Gilerista con madre italiana o judía me comprenderá perfectamente. Así que ahí estaba, con la lluvia potencial comiéndome la cabeza. Me fui a dormir y soñé que pateaba mi Gilera bajo la lluvia una y otra vez, soñé que el agua avanzaba y me cubría y yo seguía tratando, seguía intentando darle arranque a mi 150 sumergido en la peor pesadilla.

El domingo me desperté temprano y comprobé con alivio esa tonalidad celeste que augura un buen día de motos. Bajé a la cochera con las herramientas y puse manos a la obra: cambié mangueras, filtros, cargué la batería, limpié la bujía, le puse aceite y le di una pasada de franela al tanque. De fondo sonaba Steppenwolf "Born to be wild" Algo en esa canción pega muy bien con las Gileras. Será la crudeza de las guitarras, o mejor la simplicidad, una simplicidad de bajo, guitarra y batería que funciona y que no necesita nada más, absolutamente nada más para generar una buena sensación. Lo mismo que pasa con la Gilera: admisión, compresión, explosión y el sonido que lo llena todo. Después de tantos años, me sigue pareciendo asombroso que mi Gilera arranque a la primera patada.

Miré la hora: 10:52. Estaba jugadísimo. Me metí por la vereda media cuadra (que es mejor que ir contramano media cuadra salvo que pises una vieja con changuito) Bajé a las chapas por Federico Lacroze y pasó algo con los semáforos: estaban absolutamente sincronizados con mi paso. Daba la sensación de que había alguien ahí en una consola, viendo pasar la moto y tocando verde, verde, más verde. Salí del túnel de Libertador con esa somnolencia que provoca la oscuridad y vi, asombrado, una formación de cinco Gileras. Ahí estaban los "fierrazos" Poio, Carlos, Marcial y un Gilerista nuevo llamado Juan con una interesante 150.

Subí la moto a la vereda y pude disfrutar la llegada de otras cinco Gileras. Primero el sonido, después la moto y por último los saludos o presentaciones. Disfruté especialmente al ver a esos gileristas que no pudieron tener listas sus motos en los encuentros anteriores. Entre ellos, Teo con su flamante 150 Super Sport asiento biplaza y Nico con su exclusiva Spring.

Las mejores cosas de la vida son detalles, pequeñas cosas y algo de eso tiene juntarse con otros gileristas a dar unas vueltas y hablar de las motos y la vida. Entonces, como una forma muy humilde de devolver estos favores me puse a repartir una hoja con algunos datos de la página: estadísticas, votaciones, mecánicos, seguros, repuestos. La votación de "Cuál es tu Gilera preferida" generó polémica. Nico de la Spring veía el gráfico de barras y me reclamaba por la barra de la Spring que apenas despegaba del piso. Lo que sucede es que la 150 gusta, es como una rubia con jean ajustado pero después de ver mil rubias con jean ajustado, una Spring o una Giubileo generan entre los entendidos una admiración profunda, porque en definitiva es algo más exclusivo. Para seguir con el ejemplo de las mujeres, es una mujer con belleza europea, una belleza con acento.

Llegaron también David de Mataderos con su Gilera Macho - que ostenta uno de los mejores sonidos del grupo - y también apareció Ranguli, luciendo una alforja chica lateral para guardar herramientas. Después llegaron Mariano y Leonardo con una 150 y una interesante 215, la más moderna del grupo. También llegó Alejandro, a pie pero con una pasión por las Gileras que lo hacía parecer a bordo de una moto.

El reloj daba las doce y decidimos partir a destino. Los gileristas somos gente de costumbres y por este motivo propusieron que mi 150 "Cohiba" marcara el camino al estilo de un traceur en Parkur. Les recordé de dónde venía lo de Cohiba (humo, bastante humo) pero igual se mantuvieron firmes en la decisión.

A mi lado me iba a acompañar David con su Gilera Macho. Arrancamos las motos y dimos la vuelta para retomar Libertador. Llegando a la esquina hizo aparición la 150 de Hugo, una muy linda moto con portaequipaje de tanque. Hugo se presentó e intercambiamos unas palabras breves.

Ahí salimos por Libertador y bajamos al túnel. El túnel es una especie de compuerta, una transición, te metés, te sumergís en ese cocktail de sonidos, en ese "olor a Gilera" - como lo definiera tan bien David en un semáforo - y salís absolutamente transformado. Apenas salí del túnel le di una mirada al malón de motos que iban surgiendo de la oscuridad, de la soledad de cada historia para formar algo más importante, algo trascendente y colectivo.

El trayecto por Libertador, y luego por Alem, siguió sin problemas. Un semáforo nos frenó en Alem y Paraguay, mi lugar de trabajo muchos años atrás. Le di una mirada a la torre de Movicom y me sentí muy contento de haber podido despegarme de esa vida.

Un par de semáforos adelante se nos puso a la par un Peugueot 307. Atrás iba una rubia. Bajó la ventanilla y dijo "SON TODAS GILERAS" Es muy difícil seguir una conversación iniciada con frases retóricas. También es muy difícil seguir una conversación cuando tenés el ruido ronco y duro de la moto de David en el oído derecho. La rubia me dijo a los gritos que tenía una Sport del 79 y que la quería vender. La miré. Me miró. Se ve que esperaba vendermela ahí mismo. Le dije que bueno, que macanudo, que mandara las fotos a la página y le pasé los datos.

Seguí andando con una sensación mezclada, encontrada. Por un lado el reconocimiento, la gente como la rubia de ese 307 admirando y reconociendo las motos y por otro lado, el deseo de vender una Gilera, de desprenderse de ese generador de historias y aventuras, de ese paseo social que propone siempre una Gilera Clásica. El viento cura todo dijo alguien alguna vez. Metí medio acelerador y me corrí por unos instantes de la formación hasta que el microcentro quedó atrás, hasta que ese clima de abandono se me fue de la memoria.

Seguimos camino, la ciudad se desplegaba como un manto de oportunidades, como un escenario para otra aventura intrigante.Rodeamos el Parque Lezama y entramos por una calle lateral. Este tramo venía en subida y tenía un empedrado surcado por vías de tranvía. Nico giró el acelerador y se mandó de frente al empedrado. La rueda delantera de la Spring comió la vía del tranvía y lo hizo patinar. Rápido de reflejos, Nico logró controlar el desequilibro apoyando un pie y balanceando el cuerpo.

Tras ver a un colega Gilerista que casi termina de alfombra, lo mínimo que otro Gilerista puede hacer es ir con cuidado. En fin, no me pregunten cómo pero giré embalado para tomar la rampa y mi Gilera se mandó un patinón que me hizo sentir un protagonista de Holiday On Ice. Controlé la moto como pude, subí a la vereda y colgué la Gilera del caballete. Segundo a segundo se fueron sumando el resto de las motos.

En el parque nos estaban Esperando Norberto, con una Gilera 200 1975 negra y Claudio con su Macho 1979 luciendo una curiosa cresta estilo Rolls Royce, uno de esos pequeños detalles que hacen muy personal a una moto. En un momento le dio arranque para moverla y todo el Parque Lezama giró la cabeza para ver de dónde salía ese ruido descomunal. Más de uno habrá pensado que se había desatado la tercera guerra mundial. Hasta un viejo que vendía artesanías miró y tenía mucha pinta de estar sordo así que ese escape tuvo efectos terapéuticos.

Hablamos, sacamos fotos, compartimos algunos datos y entonces apareció una flaquita moderadamente hippie. No voy a esconder mi simpatía. Soy de los que creen firmemente que las motos combinan muy bien con las mujeres. Por esto me parece que Marcial, Teo y los amigos de Temperley - quienes supieron venir con compañía - hacen un gran aporte al grupo. Volviendo a la chica hippie. Se acercó y con la voz más dulce que escuchara alguna vez (después del escape de la moto de Claudio hasta la voz de una suegra es dulce) le pidió ayuda a Leonardo para ajustar el asiento de su bicicleta. Leonardo fue hasta la guantera de su Gilera, sacó unas herramientas y puso manos a la obra. La chica agradeció la ayuda y se fue luego con un amigo hippie pero antes de desaparecer dio vuelta su cabeza y le dio una última mirada a Leonardo.

Otro momento notable fue la admiración de Cascos. Teo y Nico en primeros lugares con sus cascos. Le preguntamos a Teo donde había comprado el suyo. Creo que todos esperábamos oír: Rivadavia y Avenida La Plata, Lavalle y Florida, algo así. Teo miró a lo lejos y murmuró "Tahilandia" De más está decir que nos dejó por el piso la ilusión de lucir un lindo casco abierto.

En un momento se hizo imposible ignorar el hambre y percibimos que éramos demasiados para entrar a uno de los bares de la zona. Carlos tiró las opciones: McDonalds o un breve trayecto hasta Costanera para comer sándwiches en el puesto del - ya célebre - Chuky. Estuvimos de acuerdo en que el Big Mac no combina bien con la pasión Gilerista así que arrancamos las motos y seguimos a la Gran Turismo de Carlos en su bajada por Belgrano.

Luego Poio tomó la delantera con su Giubileo y subió el cordón con seguridad. El resto de las motos lo seguimos detrás. Formamos las motos a 45 grados y recién ahí nos dimos cuenta de que el puesto de Chucky estaba a unos cincuenta metros de distancia. Si la montaña no va a Mahoma entonces Mahoma va a la montaña. Fuimos a pie hasta lo de Chucky y le encargamos el Menu-Gilera: Sandwich de bondiola con huevo, más gaseosa o cerveza $12. Mi versión del Menú-Gilera consiste en un espolvoreado de papas pai, cuatro cucharadas de un chimichurri que preparó Chuky cuando se dejó de fabricar la Super Sport, cebolla y morrón pero mi estómago hizo escuela con diez años de rock así que tal como dijo Tu Sam alguna vez: "no lo intenten en sus casas"

Comimos y hablamos y tomamos y compartimos anécdotas. Yo conté mi accidente contra el alambrado de púas, Damián contó que se quedó dormido mientras manejaba un ciclomotor. Después hablamos de los espejos, de los seguros, de los chalecos de Macri y en un punto me pasó que miré alrededor y me pareció encontrarme sencillamente entre amigos.

De lejos, Chucky nos controlaba con su cuchillo puntiagudo así que reunimos la plata y fuimos a saldar las cuentas. Luego el cielo se empezó a encapotar y mientras nos despedíamos, Damián hizo esa pregunta "Bueno... ¿por qué fuma tu moto?" Hay preguntas y preguntas. Algunas son sencillas, otras no tanto y unas pocas son de orden existencial. La pregunta de Damián me enfrentó con la incertidumbre, con agujeros negros, con teorías de Stephen Hawkings. Nunca supe por qué mi Gilera fuma pero le di la primera patada y un bramido descomunal llenó mis oídos. Era la música del camino, la magia en movimiento. Puse primera y salí comiendo calle con la firme decisión de ganarle a la tormenta. Detrás de mi Gilera, una estela de humo iba dejando rastro

Hasta este punto, la situación era inmejorable: salidas en moto, crónicas y una gran audiencia de lectores contentos. Entonces se me ocurrió hacer una salida más ambiciosa, con más motos, más lejos.

Y empezó el quilombo.

La Reja

Domingo, 10 de la mañana. Estaba a dos horas del encuentro Gilera más aventurado y todas mis previsiones con la Cohiba habían sido el cambio de una bujía y un filtro de nafta. Lo peor de todo es que ni siquiera se trató de un mantenimiento preventivo: había cambiado la bujía porque la anterior no tiraba chispa y el filtro porque goteaba nafta y había perdido los últimos diez pesos de carga gota a gota.

Magureree el tanque, subí a la moto y tiré una patada. Trum. Nada. Otra patada. Trum nada. Otra patada. Trum. Trum. Muy raro. Cualquier que haya visto la Cohiba sabe que tendrá sus problemas pero arrancar arranca. Miré la hora y le di una patada desesperada, entonces mi pie hizo fshhhh sobre las gotas de agua... y la moto me devolvió el golpe. Sentí un dolor agudo en la canilla y pegué un grito que habrá llegado hasta Spegazzini. Las Gileras tienen su carácter. No darles bola puede significar una patada o cosas peores. Verifiqué que no tenía ningún hueso roto y ahí más tranquilo, le di una patada controlada. El rugido de la Gilera llenó las profundidades del garaje. Me calcé el casco, puse primera y salí por las calles todavía dormidas de Colegiales.

Doblé en Lacroze y unas cuadras adelante me pareció sentir un ruido familiar. Di vuelta la cara y era la Poioneta. Inmejorable. Circulamos a la par varias cuadras. Unas chicas en un Clio miraron nuestro andar fascinadas y pidieron "Foto, foto" Todos saben que soy un tipo de debilidades. De no ser por el Poio todavía estaba posando para las chicas del Clio.

Llegamos al punto de encuentro y ya estaban formadas varias Gileras incluyendo la impresionante 500 de Gustavo. Nos saludamos, nos pusimos al día y esperamos la llegada de las motos restantes. A las 11:50 estábamos por salir pero tuvimos que postergar a causa de un desperfecto en los contactos de la SS perteneciente a Teo. Las herramientas empezaron a pasar de mano, los consejos de los gileristas con las manos más engrasadas también y al final la SS lanzó el sonido de los dioses. Ahí estábamos, listos para la travesía. Bajamos el túnel - que a esta altura es como un arco del triunfo, tiene un gusto y un feeling de inauguración desde aquel encuentro a principios de año – y partimos rumbo al Oeste.

La circulación se hizo muy trabada, especialmente en el segmento de Juan B Justo. Nos cortaban los semáforos, la moto de Marcial estaba con sus mañas, se quedaba este, el otro, no sabíamos dónde andaban los demás, esperábamos, seguíamos, llamábamos por teléfono, retomábamos. A todo esto la Cohiba seguía mostrando su descontento con mi descuido, cada tanto se saltaba un cambio y me dejaba acelerando en falso. No sé si les habrá pasado pero es muy feo poner expresión de "agarrate que va la tercera" y que la moto haga ruido sin avanzar porque se pasó a punto muerto. Empecé a suavizar los pedales, a pasar los cambios con algo de control.

Pasamos por Floresta, el barrio de mi infancia. Ahí, en una de las esquinas vi la desesperación en la cara de Carlos. Quise expresarle mi apoyo, decirle que no se preocupara, que era un plan ambicioso pero que lo íbamos a lograr. Claro que con todo ese ruido, la única forma que encontré fue mantenerme cerca y cada tanto tirarle alguna seña de moto a moto.

Llegamos a la estación de Juan B Justo y General Paz y fue muy impresionante ver tantos amigos y Gileras aguardando, incluyendo la popular 300 con doble árbol de levas e inyección electrónica. Después de unos breves saludos seguimos camino al oeste.

Debo decir que acá empecé a sentir que algunas cosas se nos iban de las manos: había cualquier cantidad de motos nuevas, de gileristas a quiénes no conocía y quiénes no me conocían y no podía hacer otra cosa que circular un rato acá y allá a la par de alguno.

Le metimos pata y avanzamos un buen tramo de colectora llenos de curvas, tráfico y obstáculos. Era muy gracioso ver la actitud Gilera frente a las lomas de burro. Las primeras lomas de burro eran pasadas con considerables frenadas y hasta rebajes. Un poco más adelante las lomas de burro eran ignoradas. Los gileristas pasaban como si nada. En los kilómetros finales, los gileristas se levantaban en unas curiosas posiciones deportivas y aceleraban para saltar como si estuvieran filmando un comercial de 43-70.

Ya entrados al Oeste hicimos una breve parada y se sumaron diez motos a las que apenas alcancé a apreciar. A todo esto se había hecho muy tarde y Carlos le metía pata en la primera línea junto a Nico-Spring para alcanzar la parrilla. Poio iba atrás junto a Pedro y varios motoqueros y yo quedé de alguna forma al medio-adelante sin ningún motivo aparente.

De repente, una 150SS que iba a mi lado dijo basta y se taró. Venía siguiéndonos un pibe en una moto china, verifiqué que lo iba a asistir y retomé la formación. Adelante me encontré con un camino que salía hacia la derecha y después un cruce al puente. Miré para un lado, para el otro, esperé... nada. Un rato antes éramos 35 motos, ahora estaba más solo que Kung Fú. Me acerqué a unas lugareñas y las interrogué. Me dijeron que habían visto unas motos seguir por colectora. Me hicieron unas señas y entendí que la colectora seguía escondida en la subida al puente. Milagros del trazado caminero argentino.

Le di acelerador hasta que encontré a Carlitos encaramado sobre el estacionamiento de la parrilla. Ahí vimos llegar al segundo grupo de Gileras y mucho más tarde al tercer grupo de Gileras. Habían pasado las tres de la tarde y la gente de la parrilla nos decía que ya no quedaba carne.

Nos sentamos en una mesa kilométrica. Yo me ubiqué en un extremo, junto a varios amigos. Pero entonces entró más gente y hubo que agregar mesas y una curva y más mesas. De repente quedé sentado al medio, frente a cinco gileristas que todavía no conocía y que fumaban un cigarrillo tras otro. Ahí estaba yo, perdido en la humareda, con mucho hambre, sin ánimo de hacer sociales espontáneos y ya bastante desanimado.

Después se desocupó un lugar al lado de Damián-150SS, me fui moviendo y quedé cerca de gente que conocía, la comida llegó, las bebidas llegaron y la cosa se encauzó. Con respecto a la comida, la parrillita que estaba a mi lado tenía – en orden de calidad - morcilla, chinchulines, chorizo, pollo y asado. Yo comí mucho de lo primero, poco de lo último y algo de pan, ensalada y papas, todo regado en esos chimichurris de ruta que tienen un no sé qué (o no querría saber qué) Ya dije que mi estómago anduvo de gira con una banda de rock y entonces me sentía liviano, como si hubiera comido un tomate al medio. Vi a varios gileristas peleándose con pedazos viejos de asado, uno pinchaba el asado con miedo a que le ladrara. Cargué dos copas de vino y me pareció en un sopor de ensueño, ver a una rubia muy deseable con una remera roja inclinándose como si estuviera en un poster de bulones. No podía hacer otra cosa que seguirla con la mirada y perderme datos jugosos sobre cuevas de repuestos, encendido CDI y posibles soluciones al humo de mi Cohiba.

La tarde estaba mermando y fuimos con Carlitos a re-negociar el precio del menú. El dueño nos bajo $5 per capita y sentí la actitud Ranguli-Toma-Pueblo. Me pareció que si no pagábamos, esa gente iba a tener que aceptar.

Al regreso, salieron columnas en todas las latitudes. Yo estaba algo apremiado con el regreso. No obstante quise acompañar a Carlos y Poio y esperamos hasta ver como la pericia de Pedro arrancaba una 150SS detonada.

Ahí salimos por colectora junto a Carlitos, Nico y Poio. Poio iba detrás, perdiéndose acá y allá a causa de fallas en la Poioneta cuando estaba en alta. La noche nos iba cubriendo y el frío se metía por las camperas. Carlos me había comentado que Nico de la Spring tiene una actitud carrera que viene por las venas y me causaba mucha gracia adelantarlo en alguna esquina para ver simplemente como metía acelerador y retomaba su posición.

Tuvimos un breve encuentro con un amigo Gilerista relegado de otra formación y chupamos camino de regreso pero la vuelta se hacía interminable. Especialmente para mí que tenía compromisos nocturnos. Ya en General Paz me despedí de Carlitos y de Poio y en un puente cerca de Acceso Norte vi desaparecer la Spring de Nico y ahí, solo, a bordo de mi 150, surcando la brutalidad de esa artería me sentí algo triste y desamparado. Ya no quedaban rastros de esa horda de gileristas. Ahora estaba solo, absolutamente por mi cuenta y con el imperativo de llegar sin demoras.

La Cohiba venía siendo exigida desde kilómetros y kilómetros y algo en mi cabeza me hizo perder la fe. Pensé que era de noche y hacía frío y estaba muy lejos todavía y si me quedaba ahí, iba a tardar mucho en solucionarlo por mi cuenta o en pedir un remolque. La falta de fe se trasladó a la Cohiba que empezó a mostrar un achanchamiento. Al principio lo atribuí al viento pero después no me quedó otra que entender lo peor: había perdido la aceleración, la Gilera me estaba abandonando.

Le pedí una última cosa: que me alcanzara hasta la bajada de Cabildo. Hice malabares en tercera y llegué con el último aliento a la avenida. Ahí, con el pare-siga del tráfico, la moto se taró. La subí al caballete al costado del cordón y saqué las herramientas. Nafta, poca, muy poca, temperatura mucha, muchísima. Probé una cosa, la otra, saqué la bujía, la limpié, nada, nada de nada. Ahí me pareció que la calle se inclinaba, el mundo se inclinaba, parecía un terremoto pero no... era la Gilera que se estaba yendo de costado. La alcancé a tiempo para evitar el golpe y se recostó como un amigo borracho. Pero antes de caer me enganchó el pantalón y me hice un agujero considerable. La volví a subir y anduve a pie hasta una estación de servicio. Cargué nafta a tope y seguí con las herramientas. Le puse la bujía vieja, probé la chispa, probé la llegada de nafta, patee en falso para desahogar, hice esos trucos salva-manías y entonces algo, una posibilidad. Paré y probé otra vez y otra y rrrruuuummmmmmmm. Tiré las herramientas y me subí. La Cohiba estaba al 50% pero supe que iba a llegar.

Lo peor era el tráfico de Cabildo. Pasé como diez semáforos en rojo y así y todo tenía que tenerla acelerada al taco para evitar el desmayo. Con las vibraciones y el tanque hiper lleno, de repente saltó un chorro de nafta desde el agujero de la tapa y me dio en el ojo. No llegué a cerrarlo. Seguí con un ojo cerrado. Adelante tenía algo parecido a un colectivo. Entonces fisshhhhh, chorro al otro ojo. Solo veía los contornos de los autos y la Gilera me seguía salpicando con refrescadas nafteras. Seguí y seguí, sentía la espalda dura, contracturada, pero ahí adelante vi las luces de Lacroze y supe que había llegado.

Subí esta crónica al día siguiente y empezaron a llegar los comentarios.

Esta vuelta había opiniones positivas pero también varias negativas, sobre la salida, sobre la comida, sobre la falta de solidaridad y hasta sobre la crónica.

El mecánico de Gileras mencionado en la crónica era bastante conocido y estaba particularmente ofendido. Decía que yo lo había tratado de muerto de hambre y exigía disculpas. Yo le expliqué con paciencia, el empleo del sujeto táctico y la concordancia de número pero no hubo caso.

El grupo se empezó a enrarecer. Pensé en mandar todo a la mierda pero no era algo digno de Sebas.

Dejé calmar las aguas y organicé una salida corta por Recoleta.

Recoleta

Domingo, 6am. Salí al balcón. Estaba fresco y bastante oscuro. El pronóstico decía soleado así que me puse a preparar los sándwiches para el picnic: jamón frito, salsa barbacoa, aceitunas y queso por-salut adentro de un pan con sésamo. Guardé los sándwiches en la mochila y miré la Cohiba.

Mi Gilera siempre largó unas bocanadas aleatorias de humo blanco que le hicieron valer su apodo pero después del paseo al Oeste, quizás por el esfuerzo, quizás porque si, empezó a lanzar humo permanentemente. Salía a dar unas vueltas y la gente en lugar de saludarme y felicitarme, pasó a insultarme. Los peatones escapaban horrorizados como si estuvieran cubiertos de una nube radioactiva, los automovilistas cerraban las ventanillas. El límite fue cuando un colectivero cerró el ventilete. Ahí me di cuenta de que la cosa no daba para más. Pedí ayuda en el foro, probé unas fórmulas de alquimista aceitero y finalmente me decidí a mandar mi Gilera al quirófano. Resultó ser algo más que un cambio de aros. Hubo que meter mano en todo el segmento superior, rectificar y la moto volvió recién un día antes del paseo.

Por miedo a una posible clavada, le dejé bastante luz de válvulas y le metí un poco de aceite para motores de dos tiempos.

Sobre Lacroze me encontré con Carlos, le pasé su remera, intercambiamos algunas novedades y seguimos camino. Siempre es lindo ese primer momento, la expectativa, los aromas, el motor entrando en calor y las calles dormidas del domingo. Llegamos a la esquina y no había nadie. Con Carlos y Poio ya habíamos estado hablando de buscar calidad y no cantidad pero debo reconocer que al ver el punto de encuentro vacío me dio un poco de tristeza.

Acomodamos las motos y hablamos de temas varios mientras los minutos pasaban. A nuestro lado empezaron a aparecer bicicletas, más y más bicicletas, la esquina estaba copada por bicicleteros con sus casquitos espaciales y los gileristas éramos dos, de modo que no había nada que disputar, la esquina era de ellos.

Al rato, un sonido familiar, la Poioneta, levemente herida, con cinta aisladora sosteniendo algunas partes. Le pasé su remera y nos miramos los tres. Creo que por nuestras cabezas pasó el mismo pensamiento "Bueno, acá estamos, igual que al principio del año"

Pero eso que parecía una regresión, un paso en falso, pronto se tornó una simple demora: entraron a caer las Gileras, de un lado, del otro, una increíble y exclusiva 300, una 200 enterísima (canjeada por un carting) y una Macho muy furiosa de Villa de Mayo con el cuadro modificado.

Toda gente de primera, con la mejor onda y en la misma sintonía. Después los amigos de siempre, Leo 215, Marianus el ilustrador, Ranguli con su mujer, Dami con un amigo y un tipo muy macanudo a bordo de una Kawa de alta cilindrada que prometió venir con su Gilera Macho la próxima.

Arrancamos y pasamos el arco del triunfo. El sonido de las motos juntas adentro del túnel despertó la sonrisa de los amigos nuevos. La Cohiba se portaba de maravillas, cero humo. Hicimos diez cuadras y sentí que la potencia se iba en picada, bajé a segunda y solté el embrague, el motor hizo, prrrrr, pr, pr y se paró.

Pasé a punto muerto, revisé el paso de nafta y patee la moto. El ruido de nueve Gileras alrededor me impedía escuchar si estaba pegando chispa. Toqué el tanque y me guié por la vibración. A la segunda patada, el motor 150 estaba rugiendo, listo para seguir.

A la diez cuadras se paró otra vez. La volví a arrancar. A las veinte cuadras lo mismo. Era de esperar que la moto mostrara alguna maña después de la operación integral pero me sentí bastante Gi Monte. Propuse enganchar la moto y seguir camino para no retrasar la formación pero los amigos gileristas son obstinados "Que no, vos dale que llegamos como se debe" Me dieron un aluvión de consejos. Probamos esto, aquello, la patee otra vez y di un tirón largo hasta el ACA. Ahí decidí parar a cargar algo de nafta extra para diluir los efectos de aquel aceite y quién sabe si fue eso o algo más del orden esotérico, la cosa es que la Cohiba ya no volvió a fallar.

Subimos las motos a la plaza frente al museo de Bellas Artes y nos encontramos con Claudio. Hay algo con Claudio, desde aquella primera vez que lo conocimos en Parque Lezama, siempre aparece por los costados y luego va tomando el centro con sus conocimientos y magnetismo. Estaba ahí, erguido y en excelente estado físico y anímico, nadie podría decir que salió hace tan poco de una operación.

Formamos las motos y desplegamos comidas y bebidas en el césped. Era un día gilerista, definitivamente, con sol y un poco de viento para compensar. Al rato apareció Hugo. Lamentablemente sin su Sport 59. Problemas de carburación. Había que estar ahí y presenciar las charlas de Claudio y Hugo. Son esos momentos donde uno no puede hacer otra cosa que escuchar atentamente, que apreciar esas historias y experiencias, esos anhelos relacionados a la marca.

Ranguli repartió torta frita y aparecieron los mates. A mí se me había ocurrido congelar un jugo de mango y naranja la noche anterior. Ya habían pasado varias horas y esperaba encontrar mi jugo en el punto justo. Oh sorpresa, parecía haber salido recién del freezer, era un bloque de hielo compacto. Pero color mango, eso sí. Lo dejé al sol, media hora, una hora y el hielo no cedía. Es increíble porque el sol te pega cinco minutos y te hace un agujero en la piel pero no puede descongelar un juguito. Afortunadamente Carlitos y Poio habilitaron unas bebidas. Repartimos sándwiches y papas y facturas y galletitas. Un gran avance con respecto a La Reja, tanto en el sentido gastronómico como en el clima general.

No faltó el transeúnte que tras admirar las motos empezó su charla con el famoso "Yo tuve una" y tampoco faltó la rubia increíble, una especie de ensoñación, de visión del paraíso que paseaba a su perro y perfumó el aire del encuentro. Me hizo reconsiderar el asiento monoplaza y todo.

Hicimos planes, sobre remeras, encuentros futuros, repuestos, una tira cómica Gilera con las habilidades de Marianus y más anécdotas, más y más anécdotas. No tuvo desperdicio Claudio versus el Chevrolet 400 ni la confiscación de moto de Ranguli. También hubo algunas perlas como la recomendación de usar zapatillas John Foos para conducir Gileras o bien el taconeo para pasar a primera marcha.

Después hablamos largo rato de los mecánicos, de cómo proveer buenos datos para que los gileristas no queden presos del divismo ni de los monopolios. Damián nos puso al tanto de cómo hizo para rebuscársela en los últimos arreglos. Y escuchamos las historias de cómo consiguieron las Gileras los nuevos amigos: si ellos las buscaron o si las Gileras los encontraron.

Después sacaron las remeras, que no eran exactamente las que encargamos pero que igual se veían muy bien y algo pasa cuando estás ahí, con la remera puesta y las motos estacionadas cerca, es como una energía muy compacta. Le regalamos una remera a Claudio, una propuesta unánime en agradecimiento de toda la onda, las colaboraciones, los comentarios dedicados en la página y sorteamos otra remera que ganó Hugo.

La tarde estaba avanzando y desarmamos campamento. Hugo propuso seguirme con el auto por las dudas si la Cohiba se retobaba. Nos despedimos y salí por Figueroa Alcorta con Carlitos en la GT, Leo a bordo de la 215 y Marianus. Las ruedas surcaban el asfalto y avanzábamos a muy buen ritmo. Yo necesité cinco cuadras nada más para recuperar la confianza y sentir que la Cohiba ya estaba lista para llevarme hasta el fin del mundo. Metí cuarta y miré ahí adelante, donde siempre están las mejores cosas.

Alrededor de ésta época me llegó una oferta para escribir una crónica para una revista latinoamericana sobre mi "infiltración" en el grupo de motos. Al menos así lo quería vender una amiga periodista.

No voy a negar que lo pensé. Me hacía acordar un poco a Hunter S. Thompson con los Hells Angels.

Pero había dos pequeños problemas:

1. A Hunter S. Thompson lo terminaron cagando a trompadas.

2. Los nuevos amigos del grupo Gilera me caían mejor que todos mis amigos de la literatura y el periodismo.

Sin tomar una decisión al respecto, coordiné una salida a un punto icónico de las motos clásicas: Parque Roca. Por un momento se me ocurrió que podía venir el mecánico Gilera y armarse una especie de tole-tole así que guardé un pedazo de cadena en la alforja.

Eso no lo puse en la crónica.

Parque Roca

El día anterior al encuentro hubo lluvia pero me fui a dormir tranquilo, sabiendo que de alguna manera el cielo se iba a despejar y el sol iba a aparecer para coronar otro día gilerista. No tenía explicaciones coherentes para justificar mi tranquilidad, apenas la costumbre: en todos los encuentros hubo sol, en este también... Hay mucha mística alrededor de las motos, mística y superstición. Se dice por ejemplo que es mejor no tocar otra moto delante de tu Gilera. El riesgo es alto - sino pregúntenle al Poio de aquella vez, cuando probó una Harley - Se dice que es bueno dar unas palmadas sobre el tanque cuando la Gilera te llevó y te trajo, se dice que hay que cumplir las promesas que uno hizo cuando estaba dando patada y parecía que el motor no iba a arrancar. Se dicen muchas cosas y no está de más hacerlas así que ahí yo y mis rituales y arriba el cielo con sol a pleno.

Tres patadas y el motor de la Cohiba quedó regulando con esa sinfonía mecánica que tanto me gusta escuchar. La bajé del caballete, me colgué el casco y salí a la calle. En Lacroze y Alvarez Thomas me encontré con Carlitos y seguimos paso al punto de encuentro. Es un trayecto de unos diez minutos muy placentero porque va en pendiente y la moto avanza sin ningún esfuerzo. Llegamos a la estación de servicio y otra vez la parada había sido copada por los bicicleteros. Seis a dos. Nada que hacer, les dejamos un buen segmento de esquina. Mientras esperábamos a los gileristas noté una presencia, una campera negra de motero y la típica actitud de interés por la marca. Nos pusimos a hablar. Resultó ser un ex trabajador de la fábrica Gilera. Conocía mucho: los vicios y defectos de cada modelo, el problema del plástico y los platinos, los carburadores, conocía la historia completa de la Gina en California.

Al rato apareció Nico y después Leo y Marianus a bordo de una Gilera Macho. Marianus contó que no era su preferida pero que la usaba para ir a buen ritmo junto a la moto de Leo.

Leo trajo unas remeras impresionantes con el logo de Gilera adelante y la caricatura que hizo Marianus detrás. En seguida me colgué mi remera y arrancamos motores.

El día era impecable, había sol pero no hacía demasiado calor. Comimos kilómetros de la General Paz a buen ritmo, sin contratiempos, ocupando el carril de la derecha, charlando cada tanto, señalando algo en el camino, contestando los bocinazos de aprobación y cuando pasábamos a la altura de Ramos, la Macho de Marianus tomó nota de su declaración de preferencia y se taró sin vueltas. Por suerte estábamos a un paso de su casa y Leo lo remolcó hasta su casa, donde iba a levantar la 150.

Mientras tanto nosotros circulábamos los trazos finales de la

General Paz y Carlos me decía "Fijate vos que Nico va tranquilo hoy" Ahí nomás sentimos una mancha verde en la vista periférica. Era Nico, agazapado sobre su Spring acelerando a 100km/h.

Llegamos a Parque Roca y ya estaba Poio con la Poioneta formada en un lugar de privilegio. De a poco fueron llegando más motos, los chicos del Sur, Claudio y Norber con presencia femenina incluida, dos amigos del Oeste, Dami, Marcial también acompañado, nuevos amigos, un dueño de una BSA y una Macho que se había contactado por la página. Sumamos y sumamos motos y de repente eran 16 Gileras formadas, un número muy respetable para la ocasión y diría que el único bloque significativo de una sola marca. Las nuevas remeras iban consiguiendo adeptos y en unos breves instantes el logo italiano adornaba las vestimentas de muchos gileristas.

Hicimos una recorrida para ver las motos. Había Harley, Guzzi, BSA, Yamaha, Honda, Siambretta, una Gilera Saturno y varios exponentes dignos de admiración. Sin embargo lo que más llamó la atención fue encontrar un doble milimétrico de Norber.

El clima era muy distendido, grupos de gente charlando, comiendo, tomando. Almorzamos choripanes y coca en un rincón a la sombra y charlamos sobre destinos para el próximo paseo.

Poio colocó su cámara con zoom para una foto colectiva. Ahí nomás vimos aparecer unos personajes muy curiosos que miraban la cámara con la boca hecha agua, imaginando su valor de reventa. La novia de Marcial entonces tomó la cámara y realizó las tomas de rigor. Las charlas siguieron con los temas de siempre: seguros, repuestos, reempadronamiento, recorridos, remolques, cascos de $1400. David contó una interesante anécdota de la rotura de cuadro en plena marcha. Marciál contó cómo consiguió una batería a u$8 y a cada momento surgían conversaciones sin desperdicio.

El cielo se fue encapotando por Parque Roca y estábamos por partir pero el presidente del Club de Motos Clásicas nos pidió unos minutos más de permanencia a causa de ciertos anuncios. Tras la realización de un sorteo procedieron a llamarnos para la entrega de un obsequio. Yo, a todo esto ya tenía el casco puesto. Mi casco tiene una correa vintage que agarro con doble nudo y así estaba cuando realizaron el anuncio. Traté de desatar el nudo pero me fue imposible. Carlitos fue a recibir el regalo, una botella de alcohol muy interesante.

Ahí nos despedimos y arrancamos las Gileras. Los motores se fueron sumando y la gente se agolpaba para ver a estos nobles fierros emprender la retirada. Salimos del parque en un avance cerrado y majestuoso y de a poco nos fuimos dividiendo: izquierda, derecha, después en la subida a la General Paz y en cada bajada. A la altura de San Martín desapareció Nico y me quedé solo, circulando con la vibración tranquila del motor.

Era uno de esos momentos reflexivos, de metáforas y pensamientos. Me di cuenta de que a veces no hay más que el hombre y su máquina y que todo esto funciona en contraste con esa increíble experiencia grupal.

Parque Roca fue una confirmación. El mecánico Gilera no fue, sus amigos tampoco y esa pequeña disputa se iba cerrando. Era hora de levantar la apuesta.

Unos amigos del grupo me contactaron con el Tigre Moto Club y decidimos hacerles una visita.

Tigre

Domingo 6:40. Abrí los ojos, me levanté de la cama y sentí inmediatamente un malestar general: dolor de cabeza orbital, los músculos cansados y sobre todo el mareo. Igual en ningún momento consideré quedarme en casa, simplemente calculé cuántas Cafiaspirinas iban a ser necesarias. Tomé mate, me clavé la primera Cafia y bajé a la cochera. La Cohiba descansaba bajo la funda. La destapé y pasé la mano por el cuero del asiento. El gesto encerraba mi estado de ánimo: yo venía para atrás y necesitaba lo mejor de mi moto. Más considerando que mis únicos trabajos recientes sobre la

Gilera habían sido mínimos: aceite y aire.

La Cohiba arrancó a la segunda patada y salí por las calles dormidas de Colegiales. Alvarez Thomas tenía poco tráfico y era temprano así que me ubiqué en la mano lenta y avancé en segunda disfrutando ese momentáneo bienestar, producto de la cafeína y del andar preciso que mostraba la Cohiba. Me abrí por Galvan, luego Crisólogo Larralde y ahí empezaron a aparecer los ciclistas. Tipejos con gafas futuristas y calcitas gaysoline que me pasaban con velocidad insolente. Lo aguanté una, dos, tres veces. A la cuarta, tiré el cambio, abrí nafta y los ciclistas pasaron a ser manchas periféricas. Mientras subía la rampa de la Shell vi llegar por la autopista a un gilerista. Lo reconocí por la postura y le entré a tirar bocina. Pip, pip, pip, nada. Piiiiiiiipp. Nada. Ya en la Shell elegí un lugar donde pudieran ubicarse una cantidad razonable de motos.

El primer asistente resultó ser Cristian de la GT 200. Estaba acompañado por dos amigos, buena gente. Sacaron mate y tuvimos ese privilegio de ir escuchando los motores Gilera que se iban acercando. Llegaron Leo y Marianus, nuevos gileristas, el amigo David con su moto reconstituida, Ranguli con su mujer, la banda del sur tronando fuerte con Claudito a la cabeza, Carlitos y Poio, Nico Aceituna Verde. Más y más amigos fueron copando el estacionamiento. En un momento pasaron dos Harleros solitarios y miraron. Yo estaba sumergido en esa energía Gilerista, en ese grupo increíble de gente y no envidié sus máquinas.

Fluían las charlas, acá y allá, presentaciones, mucho "Aaa, vos sos tal y vos tal..." Internet es un medio increíble pero también insuficiente. Darle la mano a un amigo, apreciar su moto, los detalles. No hay como eso. Apareció una 215 flamante, llena de cromados y color que hizo enmudecer a la audiencia. Y más y más motos. Las dos Gileras de Escobar con detalles valiosos y un trabajo de pintura notable. Llegó Sebastián en una interesantísima 300 agarrando el cable del embrague con la punta de los dedos.

Pablito sacó repuestos, Nico sacó herramientas y en dos minutos estaban trabajando en el asunto. En otro sector Norber pateaba la moto sin éxito "No va, acá pasa algo grave, me vuelvo" Me pareció haber visto partes de la moto de Dami rodando por el piso.

De repente el punto de encuentro era un gran taller mecánico y pensé que no salíamos nunca más de la estación. El sol pegaba duro, el efecto cafeína desapareció y sentí el malestar que volvía como un elefante pateándome la cabeza. Entré al bar de la estación y me agencié un Red Bull.

Las motos se pusieron en condiciones y Carlitos empezó la charla de coordinación. No hay nadie que pueda dar esa charla mejor que Carlitos. Suena con el tono justo de responsabilidad y buena onda, sin pedantería, sin reclamos de autoridad.

Arrancamos las motos, me adelanté y di una mirada al malón de gileristas. Esperaba encontrar alguna cara GiMonte pero todas las motos estaban listas. Salimos por la General Paz ocupando un carril en formación de dos. En la curva justo antes de Acceso Norte volteé la cabeza y a pesar de tantos encuentros no podía dejar de emocionarme ante la visión majestuosa y el ensamble de motores y brillos de las Gileras. Carlitos también miraba para atrás. Sonreímos y metimos cuarta.

En mis alforjas tenía una linga de arrastre específica para moto, un spray para inflar gomas, bujías de repuesto y herramientas varias. Cada 500 metros miraba para atrás por si era necesario justificar el propósito del kit de auxilio pero todo lo que veía era un avance continuo de máquinas orgullosas, fierros viejos revividos con dedicación desplazándose como si nunca hubieran dejado de rodar, buscando el destino, la hazaña-

En una parada de colectivos por Acceso Norte, una chica nos vio pasar y levantó la mano haciendo dedo. Todos conocen mi debilidad por las mujeres. Estuve ahí nomás de frenar y armar un acordeón de treinta motos italianas pero había un propósito mayor en curso y seguí camino con una sonrisa en la cara.

Seguimos a buen ritmo y cuando pasábamos por un puente metí la mano bajo el asiento y activé el interruptor de la bocina de aire. Carlos empezó a mirar para todos lados, habrá pensado que nos caía Swatt encima pero no, yo que por algún motivo tras Parque Roca pensé que era adecuado disponer de una bocina en mi Gilera. Tuuuuuuuoooooooo. Los divertimentos no se explican, funcionan o no.

Seguimos avanzando. Adelante había un camión. Venía lento y largando una tormenta de humo contaminante. Entonces lo miré a Carlos y decidimos pasar. Ni bien tomamos la mano rápida el camión le metió pie al acelerador así que desistimos y volvimos al carril lento. Los que venían atrás pasaron embalados en posturas deportivas. La formación quedó desarmada por un tramo pero aprovechamos un momento para retomar la punta y dirigir hacia la bajada.

En un momento quedamos parados sobre un semáforo de colectora. El sonido de las Gileras eran capas sobre capas y más capas de metal y combustión. Una señora con la nariz en alto hizo muecas desde una ventanilla y Claudio le contestó con la furia salvaje de su máquina. Sentí que vibraba el asfalto.

Bajamos por el acceso a Tigre y salimos rodando por Luis García, el tráfico de las rotondas se vio interrumpido por la formación. Yo veía las reacciones de la gente, los dedos señalando, los movimientos congelados y no podía hacer otra cosa que sonreír. En la segunda rotonda cruzamos el puente y salimos por Lavalle a la derecha. La arteria era muy angosta y cambiamos a formación de uno sin necesidad de explicaciones. Hubo momentos irreales, donde el entorno, el empedrado, algún edificio de época se fusionaba con nuestro paso y pestañear era una viaje en la máquina del tiempo.

Empezamos a ver los fierros del Tigre Moto Club y sus principales referentes ahí parados dando una cálida bienvenida. Aplausos, sonrisas y la mejor onda por parte de los organizadores y también de toda la gente que participaba. Formamos a 45 grados.

Era una fila kilométrica de Gileras y ahí empezó al fiesta: comida, bebida, anécdotas, fotos. Aparecieron algunos gileristas de infantería tal como Hugo de la Sport y dos amigos que están terminando de armar sus motos y necesitaban datos y recomendaciones. Las remeras copaban el paisaje. Las chicas gileristas tomaron un sector y se pusieron a hablar quién sabe de qué.

Y para nosotros fue al revés: seguros, reempadronamiento, repuestos, partes, consejos, mecánicas, pintura y charlas también de la vida. Repartimos calcos y lo único frustrante era no poder dividirse para estar un rato en cada lugar. Apareció el gran Leo de la Giubi naranja con un amigo a bordo de una DKW muy linda pero algo herida. Llegó también José María de Luján con su Gilera a bordo de una camioneta y trajo una foto buenísima de época, de esas que siempre nos gusta ver.

Hice un relevamiento de sugerencias y fijamos el destino del próximo encuentro y la fecha tentativa.

En eso, pum, otra patada de elefante y la cabeza que me daba vueltas, me tiré en el pasto a descansar pero el dolor no se iba y tuve que recurrir a más cafiaspirinas que hicieron efecto recién cuando estábamos por partir.

Algunos amigos se quedaron y otros salimos a eso de las 15hs tronando motores. Agarramos Acceso Norte y veníamos a buen ritmo entonces llegaron las señales. Algo pasaba, alguien se quedó. Era Carlos Pacar con su exclusiva 300. El único problema era que estaba del otro lado de la colectora y nos separaba un muro de concreto. Fueron momentos frustrantes, de mirar y esperar con Marianus y Leo y no poder hacer nada. Pacar consiguió un remolque precario y nosotros avanzamos pero no veíamos ninguna bajada cerca y nos desarmamos en subgrupos y después nos cruzamos con los chicos del Sur trayendo algunas novedades. Seguí camino hasta la otra bajada y después entró un mensaje de Poio, informando que ya estaba todo encaminado. Carlitos remolcaba a Pacar. Me abrí y seguí camino a Capital en soledad, ocupando apenas la línea derecha del carril derecho. El dolor en la cabeza iba volviendo y la espalda llevaba el peso del mundo pero por suerte la Gilera respondía y todo hacía pensar que iba a estar en casa dentro de poco.

Cabildo, largo tramo hasta Lacroze y ahí nomás, tlac, saltó el embrague. Miré, el cable estaba entero y no llegaba a entender qué había pasado. La moto seguía en marcha, el cambio puesto y pensé que podía llegar de un tirón en segunda. Ahí nomás bajó la barrera y empezó a pasar el tren más largo del mundo, cinco millones de vagones. Yo venía a 0.5 km por hora en zigzag pero no hubo caso, me di de lleno con la barrera y tuve que apagar el motor. Saqué las herramientas y empecé a trabajar, aprisioné la puntera del manubrio y acorté el cable sobre la llegada del pinzamiento. El destornillador se zafó y me dio de lleno en la mano, dos gotas de sangre cayeron sobre el motor y resbalaron echando chispas. Una linda imagen, una metáfora que no pude terminar de entender. Guardé las herramientas y le di arranque. La Cohiba respondió. Crucé la barrera y estaba llegando cuando un tipo que pasaba en una F-100 sacó la mano por la ventanilla y gritó "Aguante Gilera"

Supe que ahí había terminado el día.

Tigre fue una linda salida y las Gileras se portaban cada vez mejor. A la hora de decidir el próximo destino, alguien señaló que la gente del sur siempre viajaba mucho y que les debíamos una visita a su zona.

Organicé una salida a San Vicente y nos tocó el día más frío del año.

San Vicente

Lunes feriado. 6pm. Trato de abrir la puerta pero las manos me tiemblan, me ayudo con la otra mano y recién ahí consigo embocar la cerradura. En la cocina, la rubia me mira y veo en su mirada que no me reconoce. No la puedo culpar, tengo la piel de la cara cuarteada, los ojos rojos, vidriosos, los hombros encogidos, endurecidos por el vaivén del manubrio , la bufanda dándome tres vueltas desordenadas al cuello, huelo a nafta y siento la grasa en el pelo. Me ve tan hecho mierda, tan cansado y afectado por el frío y el camino que pregunta:

- ¿Valió la pena?

En un segundo pasan por mi cabeza todas las imágenes del día, desde que vi con tranquilidad el amanecer despejado de lluvia hasta el traqueteo final por la General Paz, pasando por la picadita en San Vicente y las charlas encuadradas con esas Gileras increíbles frente al río. Me río, no puedo parar de reír, de reír y de temblar. Me saco la campera, la dejo encima de la mesa y la miro:

- ¿Si valió la pena...? Obvio.

Ahora sí, vamos hacia atrás, a las primeras horas del domingo.

Me desperté cuando todavía no había amanecido. Con la casa en silencio preparé sándwiches, tomé unos mates y bajé a ver la moto. La Cohiba estaba ahí, erguida sobre el caballete, esta vuelta sin lavar, sin cambio de bujías, sin reponer el tornillo de la cortina que desapareció como tantas cosas que vibran y se aflojan y se pierden en las Gileras. Le metí aceite, dejé cargando la batería y cuando me levantaba sentí una horda de frío que se colaba por debajo del portón. Subí y me metí un pijama abajo del jean, agarré un polar, los guantes y la bufanda.

Quince minutos habían pasado de las ocho cuando abrí el portón. Tummmm, tummmmm, algo trababa las hojas. Salí por la puerta, di la vuelta y me encontré con tres tipos durmiendo al refugio del techo de la cochera. Completaban la escena un cartón de tinto volcado, frazadas gruesas y bártulos varios desparramados. Traté de despertarlos pero no había caso. Decidí que lo mejor era usar la Gilera. Volví, puse contacto y brrrruummmmm, BRUUUUMMMMMMM. Los tipos se levantaron, uno me miró insolente, como si esa fuera su casa o algo así, yo seguía dándole al acelerador. Despejaron y pude salir.

No pasó mucho tiempo hasta darme cuenta de que usar casco abierto era algo absolutamente inapropiado. Las orejas, eso fue lo primero. Sentía dolor, directamente dolor. Traté de acomodarme la bufanda pero no había forma. Después las manos. Con guantes y todo el frío se metía, llegaba. En un semáforo le di una mirada al motor y no lo dudé. Calcé las manos enguantadas hasta sentir la calidez de la combustión pero pronto se acabaron los semáforos y bajé por General Paz para el lado del Riachuelo. Pocos autos, el cielo despejado y ese frío terrible que no me dejaba relajarme. Yo avanzaba y avanzaba con la expresión contenida, pensando en el alivio de un café caliente. A todo esto, había alguien contento con la temperatura, el motor de la Cohiba. Se oía un rugido perfecto, uniforme, ese sonido del cielo que indica una maquinaria funcionando como tiene que hacerlo. Metí acelerador y unos minutos antes de la hora ya estaba entrando a la Esso de Rivadavia. El único lugar libre era la cochera para discapacitados. Los días de frío son días de transgresiones. Subí la Gilera al cabellete y entré temblando a buscar un café.

Al rato apareció Carlitos. Tenía la piel congelada, me acompañó con otro café y compartimos juntos ese momento previo, cuando el ruido de las Gileras va surgiendo desde todos los rincones. Copamos un sector del estacionamiento y al rato estaba lleno de motos y se hizo la hora de salir.

La idea era comandar el camino con Gabriel en base al reconocimiento previo realizado por Carlitos y los chicos. Salimos a la General Paz y Gabriel me preguntó:

- ¿A sesenta va bien?
- Sí...

Entonces salió disparado y cuando traté de alcanzarlo la Cohiba empezó a fallar en cuarta y después en tercera. Esperaba algún problema pero no tan pronto. Putee y salí a la banquina con cara Gimonte.

Paramos en una rotonda, cerca de una estación de servicio, Gabriel desplegó unas herramientas y me preguntó si tenía platino. Searching... Searching... not found. Gabriel entonces reformuló su pregunta "¿Si le sacás la batería se apaga?" "Claro" Ahora sí. Puso manos a la obra, metió el destornillador, martilló por acá, por allá. Mientras tanto, yo reemplacé mi bujía china que ardía como una bengala de Cromagnon por una japonesa bien fresquita.

A todo esto la tapa quedó ahí colocada entre las motos y una señorita media lela que bamboleaba la cabeza como esos perritos de taxi la pisó con ganas. Mi puteada le llegó a pesar de la música de Luismi que debía estar escuchando en los auriculares. Probamos, colocamos la tapa y salimos. Tiempo total transcurrido: 5 minutos. Parecía una entrada a boxes en la carrera de Nurburgring.

Metí acelerador y avanzamos luchándole al frío que no cedía pero la Cohiba ahora respondía y yo marchaba tranquilo.

Llegamos a Adrogué petrificados pero sin mayores contratiempos. Ahí estaban muchos amigos de la zona con Claudito y el Norber al frente. También vi aparecer algunas motos muy lindas, muy personales como aquella Chopper empinada y muy cuidada.

Después de los saludos y abrazos y de ponernos brevemente al día me escabullí a la estación en busca de un café caliente. Mi frío mental necesitaba exactamente un vaso de plástico humeante, café y calor y una pausa para meterme de lleno en el tramo final hacia la laguna. Le metí azúcar, di el primer sorbo y tic-tic-tic. Era Carlitos avisando que ya salíamos. Empecé a escuchar las patadas y los motores y sinceramente deseaba que alguna moto tuviera leves problemas para arrancar. Eso me iba a dar la pausa justa para terminar el café. Pero claro, las Gileras son algo muy imprevisible, de repente parecía que en lugar de veinte motos clásicas con décadas de rayar el asfalto, teníamos veinte Japonesas salidas del concesionario. Arrancaron todas y los amigos miraban impacientes. No me quedó otra. Le di un sorbo profundo y tiré ir el vaso al tacho de basura. Adiós bienestar.

Monté la Cohiba, el sonido de los motores hacía imposible identificar si mi moto estaba largando chispa. Me alejé un poco y Brrraaaammmmmm, ahí estaba vibrando, abriéndose paso entre la amalgama de ronquidos metálicos

Enfilamos Pavón, en columnas de dos motos. Circulé acá y allá, rotando los compañeros, escuchando escapes y estilos. Cada tanto se sumaba alguna moto. Recuerdo particularmente el arribo de un gilerista enigmático, sentí que vibraba el asfalto y por la izquierda, como si hubiera desembocado desde una perpendicular, surgió este tipo en postura rígida, fueron unos diez segundos largos, ralentados, pasaba a mi lado, me miraba, me estudiaba y al final separó el brazo del manubrio y me hizo OK. Le contesté, algo perturbado y no recuerdo haberlo visto otra vez.

El Norber tenía cara de local y a los gritos de moto a moto le dije que iba todo bárbaro pero que dónde andaban las chicas. Avanzamos unas cuadras y el Norber me señaló "Ahí, ahí" Me di vuelta 180 grados para avistar las hermosas ninfas locales. Una resultó ser una tía con vestido floreado, la otra una bisabuela sonándose los mocos. El Norber se reía, yo que casi me mato para verlas, también.

Seguimos camino y doblamos y volvimos a doblar y entonces apareció la laguna. Subimos al pasto y se dio ese momento de reconocimiento, ese bajar y ver las motos y preguntar quién es tal y quién es cuál.

Al rato apareció una columna de motos inglesas y una Gilera impresionante - ¿una Saturno? - También surgió aquella Café Racer roja tan codiciada en el sitio. Y después Dami con su humor característico y no pasaron dos segundos que me estaba matando de risa con las anécdotas y observaciones.

El descampado, el cielo brumoso y las corrientes de la laguna incrementaron el frío a niveles imposibles de aguantar. Me puse a conversar en un círculo donde estaba Adrián de Coronas, quien hizo aparecer una petaca. Como ya lo dije, el frío permite pequeñas transgresiones. Metí un trago, dio toda la vuelta, otro, otra vuelta y otro. Al tercer trago se podría decir que parte del color había vuelto a mi cara.

Las charlas seguían, apareció la Cremona, una maquinita impresionante y de a poco iba salteando lugares para tratar de captar todo lo que pasaba. En un momento fui hasta el baño y cuando volví miré las motos de lejos, el río, la onda que se respiraba ahí, que llegaba sin tensiones, sin pretensiones y me sentí muy contento de formar parte.

Más tarde hizo aparición Huguito "el peatón" Como no trae la moto, empezó con la política de traer algo que lo relacione. En esta ocasión vino con un amigo suyo, mecánico, entendido en el tema y muy generoso con la información.

Cerca de las 14 arrancamos motores para hacer una recorrida al centro. Salimos en formación, el frío acuciaba los aceleradores pero me quedé a la mitad de la formación para ir sumergido en esa sensación de poder que brinda el grupo.

De tanto en tanto iba apoyando las manos en el motor y trataba de cubrir el cuello con la bufanda pero siempre quedaba un sector abierto y llegaba la correntada. A todo esto, vi varios amigos gileristas que circulaban con la raja del culo al aire, producto de la postura baja de manejo y de los abrigos cortos. Si ellos podían ir por ahí con semejante filtración, yo no podía quejarme de un vientito en el cuello. Dejé de preocuparme por la bufanda y empecé a apreciar el lugar, las casas coloniales, la tranquilidad de esa zona, tan parecida pero a la vez tan diferente.

Teníamos que doblar a la derecha para encarar la plaza pero en cada esquina estaban los micros de la policía y filas de agentes con cascos y bastones. Por un momento me acordé de Ranguli y su ímpetu toma-pueblo y flashee que la policía estaba ahí para impedir los desmanes de nuestro grupo. Pero claro que no, estaban ahí por una piba que había sido baleada la noche anterior. Dimos unas vueltas y al final encontramos un atajo.

A todo esto se presentó un buen tramo de calle despejada y Carlitos pensó que era adecuado para adelantarse y filmar un poco. Metió acelerador y ni bien pasó a Gabriel, empecé a ver como se inclinaban todos para pegar velocidad, yo incluido. Le dimos unos trescientos metros de picada. Estuvo buenísimo pero el video quedó frustrado.

Una vez en la plaza tomamos mate, facturas. Yo probé una petaca verde flúo de Dami que parecía material radioactivo. El aseguraba que tenía melón. Apareció Ezequiel con su hermano, de capital y sacaron fotos y prometieron estar ahí para el próximo. Hablamos de las carreras lentas, de posibilidades para el próximo paseo, de patentes y partes perdidas, de la caída del escape del Norber, vibraciones y todo eso que forma un ambiente, códigos y anécdotas compartidas.

Para terminar levantamos una foto masiva y ahí sí, hora de saludos y abrazos.

Una buena cantidad de gileristas enfilamos Pavón y nos encontramos con lomas de burro, semáforos, tráfico. Avanzamos y avanzamos y después tuvimos que parar por un embrague roto. Estábamos ahí haciendo el aguante y era increíble verlo a Claudito saludando a todo el mundo. Pasaba un auto, pum, lo conocía, pasaba una moto, pum, lo conocía. Aparecieron unos gileristas de último momento que se habían enterado por el boca a boca. La mejor onda y lástima no tener más tiempo para compartir.

Seguimos de largo y algunos amigos empezaron a despedirse. La vuelta siempre se hace larga y yo empecé a sentir que tenía que ganarle a la noche. Era una de esas supersticiones. Pensaba que iba a ir todo bien mientras pudiera llegar con luz. El embrague empezó a fallar y luché en una de esas paradas intermedias. Pero chupé un poco de cable y seguí sin sacar las herramientas. Dami nos acompañó hasta la subida a la autopista y ahí metimos acelerador.

Comimos camino sin mayores contratiempos. Por momentos circulaba con Leito, por otros con Carlos.

El sol iba de frente enmarcando el retorno. Nunca me deja de extrañar ese paso de la potencia de grupo a la soledad del motero que regresa. Varios amigos se fueron despidiendo en las bajadas hasta que quedé solo y seguí de largo por una General Paz insensible, brutal, con la última claridad del sol fugitivo.

La Cohiba estaba sumando otro capítulo en la torre de la confianza, ese trato implícito que solo conoce el motero y su máquina. Piqué a buen ritmo, era una flecha buscando el blanco. Ya tenía el cartel de mi bajada a la vista cuando la máquina empezó a tironear. Saqué la mano derecha para pedir paso y me abrí. El tiempo con la Cohiba me enseñó a entender algunas de sus señales, bajé a tercera, por momentos a segunda y supe que iba a llegar de cualquier manera.

La avenida se abría con calidez y las luces eran la promesa del recibimiento. Pasé todos los semáforos en rojo, absolutamente todos. El frío, las manos cansadas, tierra en los ojos y la impaciencia le dieron forma a la última transgresión. El resto ya lo saben. Abrí la puerta y ahí estaba la rubia.

En las salidas se empezó a dar esta dinámica donde teníamos un núcleo estable y luego, muchos gileristas locales se sumaban cuando visitábamos su zona. A la página no paraban de llegar fotos y yo me preguntaba cuándo iban a parar de aparecer nuevas motos.

El frío aflojó un poco y decidí una salida a zona norte, con buen acceso: San Fernando. Quince días antes de la fecha fui a hacer un reconocimiento y en un rodeo bajo la autopista, una llave inglesa se zafó de las alforjas y trabó la rueda rompiendo varios rayos. Estuve a punto de caerme y de terminar aplastado por una fila de autos. Pero conseguí dominar la moto y no había ningún alambrado de púas cerca.

San Fernando

Abrí los ojos y ya sabía que el clima estaba bien. Lo sentía en los sonidos, en el aire. Bajé a la cochera. Estado aparente de la Cohiba: 6 puntos. Al menos le había arreglado los rayos, producto de la rotura de alforja y consecuente caída de una llave al centro de la rueda trasera. El tornillo del carburador seguía extraviado. Evidentemente esperaba encontrar el mismo tornillo en algún rincón de la General Paz.

Me calcé el casco, patee el arranque y salí a la calle. El motor rugía y las ruedas se deslizaban por la tranquilidad de las avenidas desiertas. A la altura de Crisólogo Larralde noté que pasaban cosas raras con el embrague. Se quedaba medio trabado y después se disparaba sin motivos aparentes. Se me ocurrió que podía ser el abollamiento de la bolita de 6mm que había usado semanas atrás para emparchar el embrague. Cuando llegué a la Shell no había nadie así que aproveché para sacar las herramientas. Estaba dando los toques finales cuando arribaron Poio y Carlitos. Un rato más tarde Leo y después… chan… Hugo, el ex peaton. No se imaginan la emoción de ver a Hugo circulando en la Sport. Entré a la estación de servicio a comprar algo para comer y cuando salí diez, quince, veinte Gileras. Entre ellas, una linda Super Sport con la estirpe de kilómetros y kilómetros grabada a fuego. Su jinete: Hugo II, un amigo que se acercaba por primera vez a las salidas. El segundo ingreso memorable fue el de Tony. Tony entró su Gilera Macho con una frenada intempestiva, peló el casco, desplegó las lanas y a pura sonrisa y sacudones de manos llenó el ambiente con un shot de energía positiva.

Estaba todo listo para salir pero faltaban los amigos del Sur. Carlitos recibió un mensaje de texto. Nos quedamos un rato más haciendo tiempo y disfrutando del sol, de las charlas, de los saludos y presentaciones. A un costado, Gaby de Coronas estaba haciendo mantenimiento a la Poioneta, por otro Hugo II me tiraba consejos sobre el embrague y el tamaño de la corona. Finalmente llegaron las motos del Sur. Un alivio y una alegría verlos y saludarlos. Clau, Norber, Dami, toda la banda. Algunas ausencias gileristas reemplazadas por una Suzuki y una impecable Iso pero lo más importante era tener a los amigos ahí, más allá de las motos.

Carlitos dio la charla organizativa de rigor y apuntamos las Gileras en formación de dos por la General Paz. Salimos con Carlitos al frente y debe ser que uno se embala al formar parte de semejante grupo. Me crucé por la totalidad del carril bloqueándole el paso a un colectivo. No sé que estaba pensando. Que el colectivo se iba a desintegrar con el sonido del escape, que iba a salir a la banquina asustado por el fantasma de Giussepe. Hice unos veinte metros sintiendo que las ópticas del colectivo me rayaban el culo y al final decidí dejarle paso. Entonces sí, volvimos y ocupamos la totalidad del carril.

Entramos a la Panamericana y enfilamos al norte. En cierto momento miré para atrás y vi un desfile majestuoso de Gileras, el sol realzando la belleza de los cromados, los motores congraciados en el mejor ensamble armónico. Quise buscar motivos, razones, quise entender cómo es que uno busca y arma una moto y sale al camino y en toda esa experiencia termina encontrando piezas de uno mismo, el camino a un punto de encuentro. Con cada kilómetro en formación, mi cabeza se fue limpiando de pensamientos, era el sonido del motor, el movimiento de las ruedas y el deseo de avanzar.

Bajamos de la Panamericana y desembocamos al centro de San Fernando. El desembarco por la calle Avellaneda fue definitivamente un momento Toma-Pueblo-Ranguli. La tranquilidad del mediodía se vio interrumpida por los bramidos salvajes de nuestra larga columna de Gileras ocupando ambos carriles. Los residentes locales interrumpían sus tareas y salían de los negocios para ver el paso de las motos. En la esquina de una verdulería vi maxilares descolocados. Unos muchachos que cruzaban aplaudían y decían algo. Con el casco y los motores no pude entender sus palabras pero estaba claro que era algo amable.

Cruzamos la vía y entramos en el sector de las marinas y los clubes náuticos. Minutos más tarde estábamos subiendo las motos a los caballetes. Noté que la óptica de la Poyoneta tenía cincuenta vueltas de cinta aisladora amarilla. Es muy complicado tratar de desentrañar los detalles en la relación de un jinete y su máquina, incluso en el círculo más cercano.

Ni bien llegamos tuve ocasión de conocer a Gabriel de Carupa y sus familiares. Que puedo decir, un tipo grosso, interesante, con ruta encima, convicciones. Hablamos de aquel incidente de usurpación de identidad, de partes, acopio de repuestos y lugares. Hice lo mejor que pude para rotar por ahí, para desdoblarme y admirar esas motos plantadas con orgullo, Gileras 150, 175, 185, 200, choperas, personalizadas, cada una contaba una historia, tenía algo para mostrar. Circulé para tomar unos mates en un lado, escuchar en otro, reírme con las anécdotas de Dami, recibir a los que iban llegando como Mito y su primo a bordo de dos 150. Surgieron los comentarios con Leo sobre el exilio del amigo Marianus, charla política-actual-metafísica con Tony, planes con Carlitos y Poio, chistes con un amigo nuevo llamado Pablo, novedades del libro con Cristian y los usos moteros del lubricante Prime con David. Más tarde apareció Pedro de Pellegrin con la mejor onda. Tanto Pedro como Adri, desplegaron su generosidad a base de consejos, trucos y recomendaciones mecánicas. En cualquier dirección se respiraba un clima distendido y a la vez vibrante, cargado de interés por las buenas cosas de la vida con un centro de gravedad en nuestras motos pero desplegando líneas en todas las direcciones. Algunos amigos como Hugo, Hugo y Ranguli tuvieron que partir temprano. A eso de las dos de la tarde largó la carrera de motonáutica, un espectáculo notable por si faltaba algo más para coronar el encuentro. Yo hubiera puesto un diez en apuestas pero mejor limitar cada vicio a su lugar de origen.

Más tarde empezamos a movilizar la retirada. Saludé a cada uno de los amigos y fui a montar la Cohiba. La batería extenuada exhaló el último chispazo para abrir el arranque y desandamos camino hacia el Acceso Norte. El circuito de regreso fue parejo y ordenado. Quedamos Carlitos, Poio, Leo y yo. Veinte metros antes de la bifurcación de General Paz Carlitos se pasó a la banquina y paramos todos. Pensé que había tenido un problema mecánico. Carlitos me gritó de moto a moto. "Sebas, nosotros seguimos por la derecha" Hasta yo que vivo perdido conocía esa salida. El único problema era que para entrar desde la banquina tenía que atravesar el tráfico duro de la autopista de derecha a izquierda y sin lugar a dudas iba a terminar peor que Shoya Tomizawa. Decidí bajar adelante. Me despedí de los amigos con un bocinazo que quedó sepultado en el ruido del tráfico y seguí mi camino de regreso.

Todo iba bien. Demasiado bien. La caja de cambios quejándose como en una película de terror pero iba a llegar sin contratiempos. Entonces paró una columna de autos y colectivos y yo me mandé por la derecha, en un espacio de treinta centímetros entre el tráfico y el cordón. Venía pasando suave y le metí acelerador por pura ansiedad hasta que me enfrenté con una botella rota atravesada en el único espacio que tenía para avanzar. Consideré mis opciones en un microsegundo. Era reventar las cubiertas o chocarme contra un colectivo. Ninguna de las opciones me convencía. En un rapto de inconsciencia clavé el freno trasero, la Cohiba se vandeó para la derecha, al mismo instante el colectivo avanzó y dejó un hueco, mi rueda trasera se sincronizó con el movimiento del colectivo y entró al carril derecho, la rueda delantera cordoneó y la botella rota pasó al medio. Un instante después yo seguía andando como si nada, dejando de lado las gotas gruesas de transpiración que me caían desde el casco.

Bajé la autopista y tranquilicé el andar de mi Gilera con el tráfico de la ciudad y después me fui metiendo por las calles desiertas de Colegiales. El sol iba alargando la sombra de la moto por el empedrado. Por mi cabeza pasaron las imágenes del día, era un revelado progresivo desde aquella visión del cielo despejado hasta los abrazos de despedida con los amigos de siempre y los nuevos amigos. Me di cuenta que hay algo más en todo esto, algo más que funciona como un tamiz, que va filtrando diferencias, violencia, malosentendidos, que pone a un lado esas caretas gastadas que uno tiene que usar de lunes a viernes para hacerle frente a una ciudad embrutecida. Llegué a casa cansado y a la vez renovado y sonriente. Las preguntas permanecen, a veces uno ignora adónde va pero agradece los caminos recorridos.

No me sorprendió tanto ver al mecánico que se había enojado durante la salida a La Reja. Ahí donde la gramática no puede, siempre puede la lógica de mercado. Enemistarse con el fundador del grupo podía significar la pérdida de muchos clientes.

Para esta época tuve la confirmación de que un canal de televisión por cable iba a cubrir la próxima salida. El día acordado hubo lluvia y tuvimos que suspender. Se postergó una semana pero las cámaras volvieron.

La Boca

Noche anterior a la primera salida de 2011. Un resfrío incipiente y una semana pesada de trabajo me aseguran varias horas de sueño. Pero son las dos de la mañana y me despiertan voces subiendo por el aire luz. En la planta baja de algún edificio hay una reunión de solteronas. Se ríen con estruendo, parece que están siendo amplificadas con equipamiento proselitista. Me levanto de la cama, enfermo, insomne. Miro por la ventana y ubico las cabezas ahí abajo. Les tengo que tirar algo. Miro el cajón. Tengo un velocímetro SLAP y una moneda de un peso. Ahora van a ver, pienso. Les tiro la moneda de un peso. Se oye un tintineo leve. Una soltera le dice a otra: "Uy, se te cayó una moneda" Total que se guardan mi moneda y siguen gritoneando. Estoy loco pero no tanto para tirar el velocímetro SLAP así que reviso esa especie de monedero de baño que tiene mi mujer y encuentro un frasquito Tylenol Sleep Well. Me clavo dos - la segunda como backup - Consigo dormir y el despertador me sorprende con un excelente día gilerista. Cargo un café y bajo a buscar la Cohiba.

El encargado de la cochera me había tirado la bronca por unas pequeñas manchas. Como si el piso fuera roble hidrolaqueado en lugar de cerámico gastado. Yo le traté de explicar que cuando pongo un trapito bajo el carburador, el aceite sale por una junta y si pongo el trapo en la junta sale nafta por el carburador y que no puedo cargar una frazada de dos plazas para cubrir todas las áreas potenciales de derrame. Es más fácil sellar Fukushima que mi Cohiba. Desde entonces no me saluda.

La llave hace tope y giro la muñeca para encender la luz testigo. Abro los pasos de nafta y bajo el cebador. Antes de patear la moto acerco los dedos a la nariz y huelo. Es mi forma de despertar los sentidos, de involucrarme antes de rodar. Me subo y pateo. Una, dos y tres veces hasta que explota un sonido salvaje, metafórico como una inundación de lava. El manubrio tiembla en mis manos. Unas gotas de nafta salen por la tapa y dibujan un camino azaroso por el pattern racer del tanque. Subo la primera y avanzo chupando el caballete.

Es temprano cuando llego a la estación Petrobrás. Estaciono la moto en la esquina pensando que soy el primero pero a la sombra de la estación detecto unas Gileras escondidas y adentro del bar, a pleno café, varios gileristas tempraneros, entre ellos Leo 215, Pablo Matheu, WalterGT y Diego 300 y Carlitos.

Cada cinco minutos se escucha el ruido exquisito de otra Gilera y otra y otra hasta que desbordamos la esquina con un esplendor mecánico. Saludo a Eze de la Macho naranja - con instalación eléctrica nueva a cargo del gran Victor de Moto Córdoba - y al Poio, amigo y pionero que pasa a acompañarnos un breve lapso a causa de inconvenientes que seguro se solucionarán pronto. Casi sobre la hora de salida llega Hugo 1 por Pampa con la Sport camuflada de Mickey Mouse. Antes de saludar se da cuenta y saca las herramientas y desmonta los espejos orejones dejando a su Sport como todos la conocemos y apreciamos.

Llegan ahí los amigos del sur con Claudito y Dami a la cabeza tronando escapes con una bandera enorme y el empuje que los caracteriza. Aparece también el Tony de Banfield, enfundado en su clásico equipo de jean, pero esta vuelta, lamentablemente sin la Macho. Y llega Poio, Hugo 2 y Hugo 3 y Ranguli con su conocida posición de manejo y nuevos amigos.

Gracias a las gestiones del Quique-RRPP, aparece la gente del Garage TV y prometen acompañarnos en el trayecto hasta La Boca.

Estamos por salir pero surge un problema con el embrague de La Cremona. Se acercan Lukis, Hugo 2 y los gileristas con más conocimientos de mecánica para dar una mano in situ. El problema del embrague es solucionado en minutos y arrancamos para empezar la salida.

La Poioneta se despide a la altura de Juan B Justo y la formación avanza al principio ordenada, después algo anárquica, alguno punteando constantemente por la derecha, adelante, como buscando la sortija de una calesita. Con Carlitos tratamos pacientemente de agruparnos y ordenar una fila de dos para evitar accidentes.

Tony nos acompaña mano a mano, cada tanto es remolcado a unos 60KM/H por Hugo 2 desde la Super Sport. Alem se abre y desembocamos en el Triángulo de las Bermudas. El Triangulo de las Bermudas es una zona de Libertador cercana a la YPF. La Cohiba entra a este sector y se desorienta, empieza a fallar, se queda, se deprime, se aflojan las tuercas. Supongo que cada Gilera tiene su zona. Por suerte yo conozco la mía y de antemano le pongo cuernitos. Total no cuesta nada y de hecho pasamos rápidamente.

En un semáforo me pongo a hablar hacia el costado cuando siento el reflejo de algo que sucede a mis espaldas. Hay una gravedad, un clima solemne. Giro la cabeza y veo seis motos Deuville 700 negras del G.O.M. Los policías de la Metropolitana miran serios, nosotros miramos, silencio, suspenso. Entonces sonrisas, los tipos señalando y comentando. Un policía le ofrece a Pablo M. una bolsa de cascos clásicos usados. El semáforo cambia y las Deuville se pierden en un parpadeo.

Vemos aparecer los puentes de La Boca, las casas y caminos y el despliegue pintoresco del río. Subimos las Gileras al pie del puente Nicolás Avellaneda y las acomodamos en una fila orgullosa.

La gente de El Garage TV filma, primero las motos, después a los gileristas. Habla Hugo 2 sobre la marca, preciso, impecable y después me toca a mí hablar sobre el grupo. Trato de ordenar mis ideas y recuerdo aquella frase "Es mejor cerrar la boca y parecer un pelotudo que abrirla y confirmarlo" Pero no tengo opción. Empiezo flojo pero eventualmente encuentro la forma de salir adelante, explico de qué se trata esto de Gilera 150, cuento cómo nos organizamos y las cosas que los futuros gileristas podrían encontrar en el sitio web.

Aparece el gran Víctor de Moto Córdoba con un apreciado amigo, quien tuvo añares atrás, una de las casas más importantes de repuestos Gilera. En seguida se ponen a hablar con Hugo 2 de carreras y competencias y pilotos y lugares y el clima se torna atemporal, mágico.

Llega también Adrián de Coronas con la 150 de Ale, los chicos de Burzaco, el amigo Fabián de Bera, un amigo nuevo llamado Ignacio a bordo de una GT 200 1966.

Comemos sándwiches y tomamos bebidas y hablamos un poco de todo, un poco de nada. Nos reímos con los comentarios del Arlei Lobizón y sus Casi Angels y acercamos posturas con todo el incidente del incendio de Gileras. Mientras tanto, desfilan una cantidad de personajes que sería imposible describir. Me llaman la atención particularmente dos centroamericanos carolos que nos piden permiso para sacarse fotos. En lugar de pararse al lado de las Gileras, agarran el manubrio y ponen caras Zoolander, como si tuvieran el pelo al viento y un grisín en la boca.

Después se acercan dos oficiales de prefectura. Deben tener 18 años recién cumplidos y ganas de hacer valer su mini cuota de poder. Preguntan quién es está a cargo. A la mierda, qué pregunta. Sin sentirnos aludidos nos paramos con Carlitos y les explicamos con paciencia que es una reunión de motos clásicas, etc, etc. Al rato los de prefectura se olvidan de sus deseos represivos y ya le sacan fotos con el celular a la formación.

Me siento al lado de Claudito y Fabián y nos reímos con el guión del comercial de ropa que usa Gileras, el Tony explica la necesidad de estar en sintonía con las normativas para evitar problemas , Pablito me explica el Rojo Coca Cola de su Gilera, organizamos un poco las ideas para la próxima salida y finalmente se hace la hora de partir.

Salgo en un grupo de seis Gileras hacia el norte y el sonido de los motores rebota el bajofondo urbano. Descanso del sol detrás de los anteojos y me pongo a pensar en las preguntas de prefectura. ¿Quién está a cargo? Ahí está el punto, no hay nadie a cargo o mejor dicho, estamos todos a cargo de este grupo, sumando, generando valor, haciendo una diferencia, sellando fisuras, buscando avanzar y avanzar porque de eso se trata, lo mejor siempre está ahí adelante y ahí es donde vamos.

Pasaron muchos meses hasta que el programa de cable puso al aire la filmación pero su presencia en la reunión y el piso de Gileras que estábamos juntando hacía indiscutible el peso del grupo.

El dueño de un portal femenino me propuso hacer una producción de fotos con modelos y las Gileras. Las motos clásicas ayudaron a vender lencería, carteras y zapatos. Y para el grupo quedaron unos increíbles calendarios de gomería.

En paralelo algunas cosas curiosas estaban pasando: el precio de las Gileras clásicas no paraba de subir y ya era difícil encontrar motos en oferta. Cuando había comprado la Cohiba, me costó una décima parte de una Vespa. Ahora el precio era equivalente.

Por otro lado, tras la publicación de ésta crónica, un gilerista molesto como la caca de paloma, ingresó un comentario en el sitio informando que se iba del grupo por no sentirse cómodo y otras mariconadas. Haciendo uso de mis facultades como moderador, le borré el mensaje y dejé que tomara lugar el festejo de comentarios del resto de la gente.

Pero la cosa no iba a terminar ahí.

Quilmes

Suena el despertador y abro los ojos en un estado de desorientación absoluta. No sé dónde estoy, no sé qué día es. En la mesa de luz un blister de pastillas vencidas. Me siento y miro las esquirlas en la persiana. Ni rastros de luz. Me arrastro por el pasillo hasta el baño, lleno la pileta con agua fría y meto la cabeza. Siento un dolor parietal agudo, como un cortocircuito neurológico y de ahí las cosas solo pueden empeorar o mejorar pero nunca quedar igual. Levanto la cabeza y con la velocidad de las gotas que bajan, así cae el sopor de las pastillas. Me siento renovado, listo para lo que viene.

Preparo una taza industrial de café y desayuno mientras la claridad urbana empieza a revelar los contornos de la ciudad. Con el antecedente de San Vicente, tengo un primer impulso de vestirme con doble pantalón, doble remera, buzo, llevar casco cerrado y pasamontañas pero algo me dice que nada de eso va a hacer falta. Me visto bastante liviano, con jean, camisa y campera. Bajo por el ascensor y como todavía es temprano decido caminar treinta cuadras hasta la cochera.

Rodeo la plaza y parezco ser lo único que se mueve por la zona.

Carlitos y Poio esta vuelta no van a poder acompañarme y a pesar de que hay muchos amigos para sostener la movida me pesa una sensación de tristeza difícil de levantar.

Llegando a Lacroze me cruzo con un pibe de unos quince, dieciséis años que viene sumergido en un camperón de nieve. Nuestras miradas se cruzan un instante y alcanzo a ver que tiene un ojo negro y los labios apretados. Me hace recordar cuando yo tenía su edad y estaba enojado por todo y me peleaba con cualquiera para medirme. Por aquel entonces me subí por primera vez a una moto. Pueden decir lo que quieran pero creo que montar una moto a veces es como montar un caballo. La máquina siente tu miedo y si no estás listo, te expulsa. Terminar con la moto contra un alambrado de púas quizás me salvo la vida. Me mantuvo alejado cuando no estaba listo para rodar. El pibe pasa dejándome esos recuerdos, esas ideas, yo paso por su vida quizás como un borrón.

Sigo de largo y ya estoy cerca de la cochera cuando escucho el teléfono. Es Carlitos, que tiene un rato, que va a pasar por la Petrobras. Y me da ánimos, me alegra que nos pueda acompañar aunque sea en el punto de encuentro. Ahí recibo otro llamado, mi amigo Benja de Santiago. Viene con su Honda a conocer la movida Gilera. De a poco me voy levantando, camino las últimas cuadras con urgencia.

Destapo la Cohiba, cargo aceite, pongo contacto y pateo. Nada. Pateo. Nada. Tapo con un trapo la corneta y le vuelvo a dar. Mi mano siente la succión pesada del motor y surge un aullido de combustión que se derrama y rebota en las paredes de la cochera.

Bajo por Lacroze hasta Libertador y siento que la Cohiba está para hacer el viaje de Alfredo Sebe sin escalas a NY. Los cambios pasan como un cuchillo caliente apoyado en manteca, el motor regula parejo, la amortiguación acompaña cada inflexión del asfalto y los frenos... bueno los frenos no frenan pero siempre fue así.

Soy el primero en la Petrobrás. Dejo la Cohiba en la esquina y me siento a tomar un café. Al rato veo la Sport de Hugo 1. La estaciona al lado de la Cohiba. Le hago señas desde adentro de la estación. Me contesta pero no viene. Parece inquieto. Mira a un lado, al otro. Termino el café y salgo. Ahí me confiesa que tiene miedo de que se afanen su Gilera. Un psicólogo se haría una fiesta con las patologías de los gileristas.

Al rato cae mi amigo Benja a bordo de una XR200, un tipazo, santiagueño, lleno de humor y compañero como pocos. Después aparece Hugo 2 con su porte racer, Hugo 3 puteando y renegando por ciertos traspiés de su 200 y Carlitos sin su Gilera esta vuelta. Hablamos y sacamos fotos y ahí nomás cae el gran Ranguli con un amigo gilerista.

Salimos por Libertador hacia el primer punto de encuentro. La mañana está fresca y soleada. Creo que no se puede pedir algo mejor para las Gileras. Todos avanzamos sin contratiempos, nos metemos a la derecha por 9 de Julio y llegamos a la Shell de Independencia minutos antes de la hora convenida.

Se acercan Pablito Matheu con una bolsa tapando la boca del tanque y GPS pegado al vidrio del velocímetro y Walter con su 200. Después aparece Ezequiel, quien lamentablemente no va a poder acompañarnos hasta Quilmes y me deja un encargo para Javier de Ranelagh. Aparece Poio en bicicleta y en su cara se adivina la bronca por no poder estar con la Poioneta. Mi amigo Benja ofrece su XR para llevarlo pero Poio no encuentra quien le guarde la bicicleta bajo condiciones razonables.

Llega Quique con la Cremona y Miguel con la 150. Dejando de lado los gileristas que no van a poder estar, todo parece indicar una salida memorable. Controlo los horarios en la hoja y Carlitos junto a Hugo dan la charla orientativa para llegar hasta la bajada de Avenida España en Quilmes. Nos despedimos y subimos en formación de dos a la 25 de Mayo.

El sol frena el embate del viento y tengo que decir que me siento absolutamente a gusto. Es la primera vez que circulo junto a Hugo y de a poco voy captándole las mañas. Parece tener preferencia por circular a la derecha. Voy, vengo, pruebo y finalmente encontramos la forma de ir llevando la formación. Quique pasa el primer peaje y veo una fila temible de motos policiales. Un cana con la mano más grande que una sartén le hace señas para que se apee. Quique frena y yo llego un segundo más tarde. Los policías nos rodean y empieza una charla animada hasta que todos cruzamos el peaje. Clichés aparte, el policía que hablaba conmigo declaró tener intenciones de comprar una Gilera... Patrullera.

Circulamos a buen ritmo entre los peajes y la Cohiba en un momento emite ruidos extraños y se queda sin fuerza. Voy bajando los cambios y probando juegos de acelerador pero no puedo revivir la marcha. Quedo en la banquina con cara de Gimonte. Pateo y no arranca. Veo que fluye nafta, tengo batería, la bujía está firme y nueva. Todo parece en su lugar. Entonces no sé por qué motivo se me ocurre poner el dedo - guantes recortados - para comprobar la temperatura del cilindro. Más caliente que el volcán Puyehue.

Hugo 2 diagnostica problema con el paso de nafta. Activamos la reserva, rezo, contacto, pateo y arranca. Seguimos circulando. Llegando al segundo peaje un cartel indica "Verifique sus frenos" Miro las suelas de los borcegos. Todo verificado.

Pasamos de a uno y del otro lado me entero que la 200 de Hugo 3 pinchó. Se soluciona con un aerosol y en cinco minutos estamos bajando por España hacia la rotonda.

Ya van varios años, muchísimas salidas y no pude dejar de emocionarme al encontrar semejante cantidad de motos y gileristas. Subimos las motos por el cordón, estacionamos y empiezo a itinerar saludando viejos amigos y presentándome ante los nuevos gileristas.

Llegando al límite de la rotonda me parece ver a cierto personaje tristemente célebre. Lo primero que pienso es que se necesita mucha valentía para hacerse presente después de haber quedado en ridículo delante de todo el grupo a causa del insulto cobarde, a causa de su octava despedida a lo Rita Hayworth "me voy para no volver" y a causa de su intención de cobrar derechos de autor por la confección de un logo. Lo miro y baja la mirada pero bueno, después de todo ahí está, tiene menos actitud beligerante que Gandhi con Rivotril y se me ocurre que como no tuvo huevos para insultar de frente, ahora no tiene huevos para disculparse de frente.

Le digo a Claudito "bueno, acá estamos, vino este pibe, que te parece si lo saludo y hablamos" Nos acercamos con Claudio y el pibe se empaca como una mula. Me parece una ingratitud total, no conmigo sino con Claudio que lo defendió contra viento y aceite. El sol a pleno, las motos hermosas, la gente de primera. Concluyo que no vale la pena. Es absolutamente irrelevante, que vaya, que venga, que vuelva, que se vuelva a ir, que putee, que pida un monumento de bronce por el logo. A esta altura lo único que queda claro es que no se lo puede tomar en serio.

Aparece Leito en auto y después Pablo P, con la lengua afuera por la falta de "nafta para todos". Saludo a Dami y su mujer, a Esteban, Mario de Glew, lo veo a Caritas ya célebre desde su aparición en la página, a Gaby de Coronas, a Adri, a Nico y muchos amigos nuevos.

Ahí recuerdo el encargo de Ezequiel , saco la bolsa y avanzo triunfal, contento por no haberme olvidado. La cosa es que en lugar de darle la bolsa a Javier de Ranelagh, se la doy a Fabián De Bera. El tema queda solucionado por la vía diplomática afortunadamente.

Arrancamos las motos y milagrosamente no hay ninguna que se empaque. Rumbeamos la columna con Claudito y tengo que decir que es un placer grande hacer esas cuadras a su lado.

Desembarcamos en la costanera, al amparo del río. El lugar es perfecto, estamos en horario, somos muchos más de los que imaginaba. Ahí damos lugar a esos recorridos y charlas y saludos y apreciaciones de cambios, mejoras, nuevas apariciones y consejos para la marca que nos une.

A eso de las 2 los que no llevamos vianda empezamos a preguntar por algún lugar para agenciarnos comida. Arrancamos las motos y entramos por la costanera hasta un puesto que parece poder abastecer al malón. Siguen cayendo motos y se respira un clima de gran distención.

Algo que aprendí: siempre es mejor estar en la segunda tanda de pedidos gastronómicos. De esa forma uno puede saber si es mejor un choripán o un vacío. De más está decir que yo me ensarto en primera tanda con el vacío. De sabor viene bien pero me cuesta mucho maniobrar sin un Tramontina a mano.

En las alforjas tengo cuatro calendarios para sortear. Dos de la GT y dos de la Cohiba. No hay calendarios de la Spring porque se acabaron. No sé si por la Spring, por el motivo navideño o porque tenía a las cuatro minas, la cosa es que fue el calendario más pedido.

Hago unas tomas para el video, consulto con varios referentes sobre el próximo destino (sería Carlos Spegazzini) y me despido al costado del rio.

Subimos con Benja por la autopista, cargamos nafta en la YPF y algo más adelante se divisa a contraluz unas motos en la banquina. Benja me grita "Gilera" Efectivamente, ahí están Nico, Caritas y Gaby. Nada grave, había saltado la cadena. Los esperamos hasta que queda solucionado el problema y retomamos.

El sol sigue alto y al cruzar el rio, veo las grúas, el reflejo en el agua y dejo descansar la vista en la belleza curiosa , pero belleza al fin, de ese lugar enigmático y lleno de identidad.

Entramos por Puerto Madero y subimos hasta Avenida Córdoba. La Cohiba va perdiendo de a poco registro en el embrague y queda algo acelerada haciendo serruchar los cambios. Nada que me preocupe. Sé que voy a llegar. Sé que tengo a quién recurrir cuando necesite ayuda, sé por qué elegí como segunda moto a otra Gilera y por sobre todo, se que formamos parte de algo importante.

Entro a casa con esa sonrisa que siempre tengo después de los paseos. La rubia deja el mate, me mira fijo y me dice "Bueno, dale, contame cómo estuvo la salida..."

El grupo iba sumando adeptos por todo el Gran Buenos Aires pero mis dos amigos de la primera salida Poio y Carlitos dejaron de venir. Si tenían alguna razón nunca la dieron, simplemente parecían haber agotado el entusiasmo.

Como consecuencia yo me empecé a preguntar por mis motivaciones. Si había llegado al final de esta historia.

Sin respuesta aún, organicé esta salida a los piletones de Ezeiza.

Ezeiza

Si la percepción iguala a la realidad entonces todos deberían ver que tiene sentido despertarse un domingo con 80% de probabilidad de lluvia a las seis de la mañana para ir al último encuentro Gilera del año. La rubia es la prueba de que la percepción no iguala necesariamente a la realidad. Estoy de espaldas, sentado sobre la cama, doblado en realidad y escucho que dice:

- Quedate. No va a ir nadie.

Y es tentador, volver a la cama, descansar hasta media mañana con el aire acondicionado, después el desayuno con mate y facturas pero algo me dice que tengo que levantarme y vestirme, hacer de cuenta que hay sol en el cielo, que es el mejor día que podía haber tocado. Superstición, optimismo o inconsciencia, es lo que decido.

Miro pronósticos y comentarios y más pronósticos y leo el diario. Por un momento me pregunto si yo llamé al mal tiempo recordando llevar protección solar. Finalmente aviso por el área de comentarios que estoy saliendo y bajo a buscar la Cohiba.

Diciembre es un mes raro, a priori parece más relajado, con feriados y fiesta y todo eso pero después termina cerrándose como un acordeón y el tiempo no alcanza. Ni siquiera para comprar una bujía o cambiar el aceite o trapear la moto. Enciendo la Cohiba a la primera patada y salgo al empedrado.

En la primera estación donde queda nafta Super, lleno el tanque. Después le hago piquete de ojos al surtidor de aire para inflar la goma delantera. Manejo a velocidad de taxi vacío por Balbín sintiendo una gota o dos y después desemboco en Crisólogo Larralde en medio de un malón de bicicletas. Los miro y me miran. De repente me siento bien de ser yo mismo, de tener mis propios problemas y solucionarlos así, domando una Gilera y no necesitar en cambio enfundarme calcitas verde flúo alrededor del Parque Sarmiento.

Llego primero a la Shell. Estaciono y se acerca un viejo. Nos ponemos a hablar. Me cuenta que tuvo una Spring. Es una buena charla pero miro el cielo y me pregunto si lloverá, si llegaremos al menos a juntar tres motos. Ahí aparece Leo con la 215 y un bolsón de remeras. Cae Miguel y después Carlitos. Me relajo, sé que ahora puede llover, puede pasar cualquier cosa, mi percepción de la realidad es compartida al menos por estos amigos. Nos saludamos y escuchamos el ruido característico de unas Gileras que avanzan.

Ya teníamos diez motos en la Shell, incluyendo a Rangu y Ezequiel y ahí entra un llamado de Pablo M. Que dónde andamos. Que en la Shell. Que el también, con cuatro gileristas. Miramos enfrente. Nos saludan con intermitencias desde el otro lado de la General Paz. El sentido común indica claramente que deberíamos habernos encontrado ahí pero hay otras cosas aparte del sentido común, la tradición, sin ir más lejos. Al rato estamos todos en el mismo lugar. Leo saca las remeras negras, blancas con un nuevo diseño, superador, elegante, con alta aprobación.

Y empiezan las charlas, las anécdotas, los consejos. Leo me cuenta que Marianus estuvo a punto de venir. Pablito me cuenta de la visita a la fábrica en Spegazzini, el barrio, los datos de un tipo que dice tener repuestos y manuales. Sé que en algún momento voy a terminar yendo. Me parece uno de esos milestones en la vida Gilera, como rescatar una moto olvidada y linguear a una china.

Casi al límite de la hora planificada caen más gileristas. Esperamos diez minutos y decidimos salir. Arrancamos motores y bajamos por los vértices de la colectora para retomar. Llegando a Balbín no recuerdo si es necesario ir a la derecha y doblar en U o si tenemos paso por el semáforo. Afortunadamente aparece Ezequiel y endereza la formación que ya iba a dar la vuelta a la calesita bajo mi entera responsabilidad.

Entramos a la General Paz y avanzamos a buen ritmo hasta la Esso de Liniers. Ahí se suman a Gaby y Caritas de Coronas. Volvemos a la General Paz. Las nubes persisten pero ya no es un frente de amenaza, acompañan el paso de las motos amortiguando la pesadéz del sol y en todo caso a esta altura ya a nadie le importan. Somos dos líneas de motos clásicas comiendo ruta hacia el sudoeste. Por Crovara nos esperan Adri, Nico y unos amigos nuevos. Ni es necesario parar, empalman abriendo nafta y la fila se hace más y más larga.

A los costados, veo pasar el decorado de la ciudad, aspiro el olor del asfalto quemado y me sorprende el estado de todas las motos. Antes era común escuchar "Como camina esa Gilera" Se decía eso porque muchas otras no caminaban, se arrastraban o ni arrancaban. Hoy hay muchas, lindas, personales, fieles, hermosas máquinas que van y vienen haciendo 40, 50, 100 kilómetros y más también. Levantamos Gileras en la bajada del Trébol y después algo más adelante aparece el gran Claudito con otro grupo de motos. Le doy un abrazo y me cuenta sobre esos momentos de incertidumbre con la lluvia y las paradas desiertas. Pero ahí estamos, en la antesala de una fiesta y eso lo veo en el brillo de sus ojos.

Pegado a una parrilla encontramos más gileristas con sus

máquinas listas para rugir. Entramos a los bosques, causando un disturbio temporal. Me parece reconocer detrás de un Peugeot 504, la nostalgia de un viejo, que cree haber sido transportado, cuarenta, cincuenta años atrás. Nos sigue hasta que bordeamos los piletones en busca de una parrilla adecuada. Finalmente paramos en el mismo lugar donde había parado con Adrián semanas atrás, en pleno reconocimiento.

El fuego está apagado, la música que suena no convence pero es una cuestión de aplicar la filosofía Rangu Toma Pueblo. La gente del lugar responde a todos los pedidos con la mejor voluntad y no pasa mucho tiempo hasta que aparecen las hamburguesas y cocas y rock en los parlantes y una bandera gilerista colgada en los postes.

Hablamos, nos reímos y en cada rincón se respira el mejor aire posible. Aparece Hugo, nuevamente en formato peatón y viene también Leito, después de dejar la 215. Aparece Pablito T con su Macho custom en excelente forma salvo un ruidito que el gran Ranguli sale a diagnosticar.

Con Carlitos y Gaby se nos ocurre entrar las motos a una pista de Karting. La gente del lugar nos da el ok. Acomodamos carritos, corremos obstáculos y entramos algunas motos. Resulta mucho más divertido de lo que habíamos planeado y en general, las vueltas transcurren sin mayores contratiempos.

Recorro con la mirada y me parece un grupo notable: Marcelo 300 roja, Gastón Super Sport blanca y negra, Pablo con los chicos, Jesús Spring, David Sport roja, Julio 215 verde, Marcos 215, Ariel 200, Jonathan 215, Gustavo 215 Morón, el gran Claudito, Gaby de Coronas, Carlitos esta vuelta sin la 200, Nico, Hugo el peatón, Adri con una Super Sport en venta de excelente performance, Juan, Marga, Ani, Lukis con SS, Caritas, Juan Pablo SS desarmada, Guido Sport, Leito, Pablo Burzaco, Alvaro, Dami, Eduardo con una Suzuki hasta tener la Giubi lista, Eze y Nahuel con la Macho, Walter, Quique, Diego 300, Fabi de Bera en auto esta vez pero pronto con Gilera, Rangu, Pablo M, Pablito T y Sergio El Mago.

Cada uno es dueño de su historia, de su forma de vivir esta salida pero tengo la certeza de que el camino elegido es el correcto.

Formamos las motos, sacamos una foto grupal, filmamos y eventualmente llega el momento del regreso.

Esta vuelta me toca partir temprano. Saludo, todavía sin poder creer la cantidad de motos que participaron de esta fiesta. Con ayuda de un plano que Adrián dibuja sobre el polvo, alcanzo la 205 rumbo a Tristán Suárez.

La ruta está vacía y la Cohiba sube en cuarta, parejo, bordeando la banquina y atravesando arterias que caen hacia los pueblos y estaciones. Mientras tanto, mi cabeza desborda las imágenes del día, como un subsueño de fotos y filmaciones, ráfagas de alegría rebotando en los márgenes de un día perfecto.

La idea original había sido pasear con dos o tres Gileras. Resultó un viaje mucho más largo, masivo y por sobre todo, transformador.

Después de Ezeiza, nunca más volví a rodar con el grupo.

4 KAWASAKI VULCAN 750, SANTA CATARINA

Resulta que el viejo de una amiga se murió de un día para el otro y mientras pensaba algo para decir en el velorio, lo único que venía a mi mente era ese sketch de Saturday Night Live con Phil Hartman, donde repetía "This is something, this is nothing" Entonces se me ocurrió que era hora de viajar. Varias veces le había dicho a mi viejo que me iba a tomar un avión a Brasil y que íbamos a salir por la ruta en moto y es cierto, habían motivos para postergarlo pero ninguno tan fuerte como aquel recuerdo de mi última experiencia sobre dos ruedas en Brasil: subí a un cantero y me di de frente contra un alambrado de púas. Pero claro, después de un velorio uno sale siempre con hambre, preguntándose quién es el viejo del moño y con ganas de cambiar un par de cosas así que me tomé un vuelo de TAM hasta Porto Alegre y otro en conexión para Florianópolis. Mi viejo me estaba esperando y fuimos a cenar a un restaurante por Itapema, pegado a la playa. Yo tenía bastante hambre porque me había tocado la fila 16 del avión y los carritos de comida se acercaban desde las dos puntas. Justo un instante antes de mi fila, el avión se empezó a sacudir y las azafatas suspendieron el servicio. Entonces, nos sentamos en ese restaurante y mi viejo pidió una sopa de mariscos, anchoas grilladas, arroz, farofa y bolinhos de queso. Ataqué la sopa, cargando la cuchara con todo lo que flotaba por ahí. Al rato mi viejo me dijo "no te comas estos cositos rojos" "Que no coma cuántos" "Ninguno. Estas porquerías flotan todo el año en Laranjeiras y cuando salgo a bucear veo los caños de esgoto que tiran todo por ahí… esto es como un filtro…" Yo me había comido tres o cuatro. Mi miedo a las motos había pasado a segundo plano. Hasta el otro día cuando amanecí, entonces me di cuenta de que hace falta mucha mierda para matar a un hombre.

Desayunamos café da manha, un poco de pan con manteca y bajamos a ver las motos. Estaba su Kawasaki Shaft 1000 de siempre y la moto que me tocaba: una Vulcan 750. Me paré al lado, tragué saliva. Era demasiado grande, un elefante, una montaña de cromados y tuercas. "¿Cuánto pesa?", le pregunté. "300 kilos" Ahí me di cuenta, yo, haciendo equilibrio encima de una moto de 300 kilos. No me iba a animar. Mi viejo trató de poner en marcha la Shaft pero las bujías no echaban chispa. Parecía motivo suficiente para suspender todo el viaje. Mi viejo agarró las herramientas y se puso a desarmar la moto. Tocaba los cables, las bujías, sacó el tanque, chupó nafta, limpió los contactos. Mientras tanto me explicaba su opinión sobre las Hondas, detalles del carburador, las ventajas de las motos cardánicas y qué hacer cuando se rompe el embrague. La Shaft parecía un esqueleto, era imposible volver a armar eso y salir andando. Un poco después, el tanque volvió a su lugar y las tuercas y las bujías. La moto respondió con un sonido grave. Era el motor despertando.

Me subí a la Vulcan. Yo estaba tranquilo pero mi corazón se acordaba de aquella otra vez con la Agrale y no dejaba de rebotar de un lado al otro. Metí el cambio que entró en un clac y solté el embrague. La Vulcan se movió suave, con precisión. De repente me pareció que podía dominarla, que bastaba con mantenerse en equilibrio. En eso nos mezclamos con el tráfico de la rotonda en la entrada de la Tercera Avenida. Mi viejo se adelantó entre dos autos y yo quedé de garpe. El auto que tenía adelante amenazó con salir y después frenó. Yo hice lo mismo pero cuando frené no llegué a poner el pie a tiempo y la moto se empezó a bandear hacia la derecha. 300 kilos, comiendo el ángulo, acercándose a la humillación. Mi pierna derecha se flexionó y aguantó un par de segundos la caída pero no iba a poder sostenerla mucho más. Me incliné y pegué un grito, era por el honor, no podía fallar otra vez en la esquina. Las bocinas sonaban detrás. Cuando parecía que estaba todo perdido, la moto empezó a subir, un poco y otro poco y después di vuelta el acelerador y se enderezó, firme. Salí andando por la Tercera Avenida como si nada. Mi viejo me esperaba adelante con las balizas. Lo bueno del casco es que no tenés que dar explicaciones. Subimos la rampa y entramos por la BR-101 hacia el norte. Mi viejo pasó a la mano rápida, soltó los cambios y se perdió 100 metros adelante. Yo pasé cada cambio como si estuviera cediendo gradualmente a los reclamos de la ruta.

Arriba los morros, delante algunos autos y un punto negro, la moto de mi viejo, allá moviéndose. Subí a quinta y giré el acelerador al tope, la moto dio un tirón y empezó a recuperar camino. El viento me pegaba en el cuello y en el pecho y hacía flotar un llavero que llevaba colgado como si estuviera en gravedad cero. Me pareció que iba muy rápido y me preocupó saber que no estaba en control de esa moto, que era la velocidad atravesándome, guiando mis movimientos y que el equilibrio delicado podía romperse a la primera curva. Giré más la muñeca y puse la moto a 100 millas. Ahí no pude pensar nada. En unos segundos había alcanzado a mi viejo. Fue ese instante, las dos motos a la par, los motores sonando, el viento y los morros allá adelante esperando.

Miré al costado y vi por la abertura del casco el perfil duro de mi viejo y lo supe, supe que cuando llegara la hora de los "This is nothing", iba a recordar ese momento. Me sentí liviano y vivo y contento. Aceleramos y fuimos en busca de todo eso ahí adelante.

5 HARLEY SPORTSTER 833, CHICAGO, ROUTE 66

Los Venture Capitalists, antes de invertir en un proyecto piden plantear el problema, luego la solución. Acá no hay inversores y el problema es demasiado extenso pero la solución está en el prólogo de la novela Paso A Nivel "Take your wounds to the route, the wilderness for a cure or whatever"

Estoy en Ezeiza con Rama. El plan es volar a Chicago, alquilar dos Harley Davidson cilindrada 883 y entrar hacia el Oeste por la Ruta 66 con lo puesto: un jean, borcegos y una campera de cuero. Rama dice que me acompaña pero yo sé que necesita esto mucho más que yo.

Ya ubicados en el avión me llega un email del Warehouse en Berwyn. Cambio de planes: ahora tenemos que retirar las motos en un descampado por Villa Park. Lo que digan. No se jode con estos tipos. En las reviews de Google tienen reputación perfecta: 38 votos negativos. Que se ríen de la gente, que cobran a ojo, que te piden que le cargues aceite todas las mañanas, que si les caes mal te dan un casco rosa. Pero lo peor es que en Villa Park nadie nos puede cuidar las valijas. Mientras el avión carretea instalo The Negotiator en mi Android y oferto por un hotel en la zona de O´hare. La azafata ve que pasa algo raro pero hago carpita y consigo el Hyatt Regency 4 estrellas. Las valijas van a estar mejor que nosotros.

Tenemos ocho horas hasta Miami y después unas cuatro horas a Chicago. Lo importante es descansar. Rama saca las pastillas que tomaba su ex suicida, alias Cuchillito. Deliberamos un rato y nos decidimos por Alplax. 0,5 mg estarían bien para volar a Mar Del Plata pero como no es el caso vamos con los 2 mg cada uno. Aparece el carrito de comidas.

- Chicken or beef?
- Route 66.

Son mis últimas palabras y me desmayo hasta el aterrizaje.

Llegamos al Warehouse de Villa Park, una propiedad inmensa donde alquilan motos y venden repuestos. Todos los empleados, del primero al último parecen dispuestos a cagarnos a trompadas. Pero resulta que tengo puesta una remera de Gileras clásicas y el gordo de la entrada es un fanático de las motos italianas. Nos ponemos a hablar de la Gilera Saturno, de las Ducati y eso es todo, nos regala merchandising, bypasseamos la fila y después de firmar papeles, vamos al encuentro de las Sportsters negras.

Salimos errantes por una avenida doble mano, rumbo a la derecha porque sí, porque es más fácil que cruzar. Paramos frente a un Pharmacy y tratamos de colocar el soporte de GPS que se parte al ajustar el tornillo de fijación. En el Pharmacy nos agenciamos un Duct Tape y encintamos el soporte. La idea original era conectar dos cocodrilos a la batería para mantener alimentado el GPS. Pero en la 883 la batería está bajo el asiento y no tenemos herramientas para levantarlo. Damos unas vueltas por los suburbios de Chicago tratando de encontrar la 66 y después de media hora de caminos errantes logramos llegar a una panchería histórica llamada Henrys. No tenemos hambre y estamos algo ansiosos así que arrancamos y nos plegamos a la 55 para apurar la intersección con Joliet.

La i55 es parte del nuevo sistema de Highways, el sueño de Eisenhower que consideraba un viaje simplemente como un traslado económico entre los puntos A y B. El tramo que agarramos es un corredor brutal. Todos los vehículos son camiones o camionetas y nos sacuden en su paso veloz a los puntos B de sus recorridos. Rama está tratando de procesar el feeling de la Harley, de leer las instrucciones del GPS y duda cerca de una bajada. El camión que viene detrás hace sonar el escarmiento. Siento los efectos de ese trombón de barco en la amortiguación de mi moto. Muchas millas adelante encontramos la bajada siguiente y surcamos las calles de los suburbios para llegar al Snuffys 24hs Grill de McCook.

Sacamos fotos y hablamos con la dueña, que aprovecha para sacar recortes de diario y recordarle a los parroquianos que ese lugar es famoso, que todavía hay gente interesada en conocer Snuffys y recorrer la 66. Nos ponemos a hablar con unos vets de Corea que descansan en un box. Nos aconsejan seguir por Joliet y empalmar los márgenes de la 55. Eso es todo lo que necesitamos.

Unas millas adelante aparece el primer cartel histórico de la 66. Bajamos al sudoeste por Joliet bordeando geografías que van perdiendo el carácter urbano. Adentro nuestro pasa exactamente lo mismo. La ruta nos filtra, queda la esencia: avanzar, mantenerse vivo, seguir buscando.

En nuestro caso la 66 parece ser la forma menos eficiente, cara e insegura de recorrer distancias pero estamos bien con eso. Doblamos, volvemos y damos mil rodeos tratando de pegar Dell Rheas Chicken Basket en Willowbrook. Al final lo encontramos en un camino serpenteante, bastante alejado de la ruta. Llegamos en un horario intermedio entre comidas y el lugar está desierto. Entonces aparece una moza rubiecita y flashea con Rama, con su español disfrazado de inglés, con la argentinidad. Otra moza nos habla y la rubia dice "Are you talking to my boyfriend?" Quiere que la llevemos. Una de esas jodas que encierra verdades. Volvemos a las motos y sentimos las miradas de las chicas por la ventana. Desandamos camino y nos incorporamos a la ruta.

Hacemos un tramo largo al costado de cercas y prados y llegamos al White Fence Farm cerca de Romeoville. Es un lugar interesante, restaurante, museo y cuna de una receta secreta de pollo frito. Es media tarde y el lugar está desierto pero como todos los bares y restaurantes de la 66, abierto. Recorremos el museo, vemos una vieja máquina de predicción del futuro, una moto Ariel antigua, rocolas y una colección de rifles. Sacamos fotos y cuando pasamos por el salón comedor, Rama le dice a una señora que cuida la caja. "You have a beautiful place here" Esperabamos un "Thanks" pero la vieja se despacha con "I know" Ya no nos parece un lugar tan lindo. Me imagino a la vieja enfundada en la sotana del Klux Klux Klan comiendo pollo frito al costado de una hoguera. Volvemos a la ruta, bajando por Joliet hacia Plainfield.

Seguimos parando en cada punto que logramos identificar. Empieza a oscurecer en Joliet y nos detenemos en Rich and Creamy a buscar helado. Rama se pide uno de blackberry, yo de peanut butter. Es un postre básico pero fresco, crema espesa bañada en manteca de maní. Rama mira el cielo y propone pasar la noche en Joliet. Es un plan racional. No sabemos cuánta distancia hay que recorrer para un pueblo donde podamos encontrar cierta estructura. No sabemos qué va a pasar con las nubes. Pero estoy energizado, lleno de adrenalina, siento la necesidad de subir a la 883 y meterme en las profundidades del mapa.

Maniobramos en un parking lot y una pendiente mal combinada con el giro de mi rueda delantera me hace perder el equilibrio. El peso de la moto me arrastra y en un microsegundo recuerdo la franquicia que tenemos con el seguro. Piso con la derecha y aguanto los 260 kilos. La moto se empieza a incorporar a un centímetro del piso. Ya equilibrado siento los aductores resentidos.

Volvemos a la 66. El camino se va transformando y desembocamos en una ruta sencilla de doble mano enmarcada por las vías de tren y un highway. Hacia adelante, descampado absoluto, una recta que debe llegar al borde del plato sostenido por elefantes. Andamos y andamos sin hablar. El frío se mete por el cuello y las botamangas. A los quince minutos de andar a ciegas sospechamos con algunos fundamentos habernos perdido pero seguimos y seguimos.

Volver no es una opción.

A la media hora nos alivia volver a encontrar carteles

de la 66. La ruta se mete a la izquierda y entramos a un pueblo llamado Dwight. Cruzando de mano hay una estación de servicio histórica. Nos apeamos y se acerca una mina de unos cincuenta años que estaba estacionada con un Camry rojo. Se ofrece a sacarnos fotos y nos cuenta algunas cosas sobre la estación que acaba de leer en un libro. Nos pregunta de dónde somos, hasta dónde vamos y adónde pensamos pasar la noche. Le respondemos todo pero breve y cuando volvemos a la ruta me quedo pensando en la mina, sola, adentro del Camry rojo. Seguramente nos había preguntado para que le preguntáramos y ahora estamos en la ruta sin haber seguido el punto 3 del manifiesto de la Ruta 66: "meet some strangers".

Me entra una leve sensación de tristeza, de soledad. El camino vuelve a ser un corredor largo entre las vías y el highway. Miro adelante, no hay nada. Entonces bajo el cuerpo y empiezo a acelerar. La aguja sube de izquierda a derecha, 60, 65, 70, 75 millas, 80 millas por hora. A la derecha se adelanta la Harley de Rama. Nos fundimos en un borroneo galvanizado. Tengo plena conciencia de nuestra fragilidad, de que muy poco hace falta para tumbarnos en un remolino de huesos rotos. Una mancha de aceite, un pozo ni siquiera grande, un perro errático y eso es todo. Pero aceleramos y aceleramos, queremos comer la monotonía de esa distancia.

Aparece la primera curva a lo lejos y automáticamente bajamos la velocidad. Entramos al pueblo, hay una iglesia, casas de madera con más de cien años, calles abandonadas y al rato estamos otra vez afuera, en una recta fría al desanimo absoluto. Las últimas pinceladas de luz se fueron y encendemos las luces altas. Con la postura inclinada aceleramos a fondo pero esta vuelta algo nos golpea el casco, una vez, dos, cien veces. La lluvia se larga sin consideraciones.

Paramos en la banquina a sacar las capas y nuestros movimientos son la torpeza absoluta. Mientras estoy maniobrando con mi capa escucho una música alegre, una especie de mambo de 8 bits y tardo en entender que es el teléfono Net10 en mi bolsillo. La lluvia se intensifica y arrancamos con las capas flameando. Pero me siento un poco mejor. Esa música es alguien, alguna de las chicas que llama, quiere saber cómo estoy. Aceleramos y vamos con gusto al encuentro con la tormenta.

Las capas plásticas embolsan el viento y apenas logran cubrir los hombros y brazos del agua. Los jeans están empapados y el agua se filtra en los borcegos. Es cuestión de tiempo hasta tener los pies absolutamente mojados. Una incomodidad que se había empezado a manifestar varias millas atrás toma el protagónico en mis sentidos. Siento una pinza removiendo los nervios del hombro izquierdo. Pruebo mover de posición. Algo cambia. El dolor es peor.

Chupamos un buen tramo de ruta y me parece que no puedo más, van siete horas arriba de la moto, no veo nada, tengo frío, tengo sueño, me duele el cuello, el hombro, tengo miedo de haber perdido el rumbo. Quiero tener la posibilidad de pedir una evacuación, un helicóptero gigante, un Black Hawk que nos levante y nos lleve al Hyatt Regency con las valijas. Entonces un bramido gutural, un repiqueteo de ronquidos, segundos después, lo que creo que podría ser una Harley Touring con un barbudo grandote montado encima. El tipo baja la velocidad y nos interroga con la mirada. Quiere saber si estamos bien. Levantamos la mano, le damos a entender que podemos aguantar más. Viene un tramo largo pero la energía del barbudo me queda y entiendo que la lluvia y el frío son un decorado que pasa, entiendo que nada va a tener tanto gusto como una ducha y una cama esa noche.

Entiendo que puedo seguir mucho más.

Ahí se enciende la luz testigo bajo el cuenta kilómetros. Estoy sin nafta.

Llegamos a un pueblo chico y la estación de servicio es puramente decorativa, con pumps de Standard Oil que dejaron de funcionar unos sesenta años atrás. Paramos bajo un techo y esperamos un poco a que baje la lluvia. Entonces siento olor a quemado. El flameo de la capa la hizo pegar a los cilindros. La despego lo mejor que puedo, es decir haciéndole tres agujeros del tamaño de una sandia. La lluvia sigue.

Las opciones son pasar la noche mojados y muertos de frío en la Standard Oil o arriesgarnos a quedar sin nafta en un descampado bajo la lluvia. Le apostamos al descampado.

Me parece ver todo más claro y ahí me doy cuenta que olvidé ponerme los anteojos. Vamos a sesenta millas y siento algo golpeando la cara, un bicho, una rama quizás. Entrecierro los ojos y sigo avanzando. No sé por qué pero parar bajo la lluvia, sacarme los guantes, buscar los anteojos, ponérmelos y ponerme nuevamente los guantes suena peor que quedar ciego. Nuestro destino es Pontiac. De acuerdo al mapa, el pueblo más grande de la zona. Pero no sabemos a qué distancia está ni cuánto va a aguantar la reserva de mi tanque. Acelero y acelero acumulando tensión, sintiendo como avanza la contractura y me toma los músculos dorsales. Aspiro, suelto el aire, canto King of the Road pero no llego a escuchar mi voz, no escucho ningún otro sonido a la lluvia y los motores.

Sin aviso, el descampado se integra a una bruta avenida de cuatro manos y alcanzo a ver un cartel con la H azul.

En general, cuando no circulamos a la par, Rama toma la delantera., un poco porque lleva el GPS, otro poco porque todavía piensa que hay algún beneficio en ir adelante. Yo prefiero ir atrás por un tema de perspectiva.

Rama tiene algunos problemas de vista y no estoy seguro de que pueda seguir los carteles con tanta noche y lluvia así que tomo momentáneamente la delantera y hago las maniobras necesarias para alcanzar un hotel. Con giros certeros subimos las Harley al parking repleto de un Holiday Inn. El lugar para discapacitados está vacío. Estacionamos ahí. Si un discapacitado aparece con semejante tormenta en medio de la noche, está mejor que nosotros y puede dejar su papamóvil a la vuelta.

El tipo del mostrador nos ve entrar, empapados, desorientados y nos apura la llave. Tengo ganas de sacarme la ropa mojada y desfallecer en la cama pero hay una tarea previa. Con ayuda de una plancha y el secador de pelo secamos la ropa y el calzado. Después tomamos sopa, comemos galletitas y dormimos las mejores seis horas de nuestras vidas.

Por la mañana arrasamos el desayuno del Holiday Inn. Tres cafés, cuatro muffins de chocolate, dos bagels con queso, vasos y vasos de jugo de cranberry, facturas danesas, huevo, papa y hamburguesas. La señora de la cocina nos mira asustada. Rama trata de tranquilizarla con su inglés de Lanús. Ahora la mina está más asustada.

Vamos a buscar las motos. Antes de salir me ocupo de despegar el plástico quemado del cilindro. Consigo sacar la mayor parte con un líquido tipo Windex que me presta el encargado del hotel. Cargamos nafta en una Shell y revisamos el aceite. Mi Harley está por debajo del mínimo. No recordamos qué aceite lleva y preguntamos acá y allá hasta conseguir una botella de 20-50.

El plan original era llegar a Springfield pero nos interesa más barrer el camino, entrar a cada pueblo antes que comer millas porque sí. Además tenemos que estar al Hyatt O´hare antes de las cinco para mantener la reserva y recuperar el equipaje. Pienso en el equipaje: en mis camisas y libros y medias y en la Thinkpad y mi pasta dentífrica y no extraño nada. Soy esto: un tipo andando en moto. La mañana está fresca y clara. Entramos al pueblo.

El cielo se abre y asoma un sol húmedo. Al igual que Joliet, nos gusta Pontiac por esa forma de capitalizar la ruta, de transformar un lugar de paso en un lugar.

Encontramos el museo en el 110 de W Howard St. Sacamos fotos y nos ponemos a hablar con el encargado. Le contamos que somos de Argentina y nos hace firmar un capót de auto, exclusivo para visitantes extranjeros. El museo es apasionante, cada lugar, cada cruce, memorabilia, de una servilleta a una camioneta/casa. Pegado al museo hay un shop donde compramos mapas. Yo me llevo un mug y un cartel antiguo.

A unas cuadras del museo vemos una casa de madera abandonada. En una de sus ventanas hay un muñeco inflable de un extraterrestre estilo Roswell. Le saco una foto, es demasiado para captarlo ahí mismo. ¿Por qué alguien va a mantener una casa desierta con un muñeco de Roswell en la ventana?

Seguimos. En Illinois no es obligatorio usar casco y Pontiac nos parece un lugar adecuado para probar esta libertad. Recorremos las calles del pueblo y se abre una experiencia nueva. El campo de visión es amplio, los sonidos llegan claros. Desde una van azul, unas town queens nos gritan piropos. En cualquier otra ocasión las seguiríamos pero ahora el único interés es pisar la ruta.

Salimos a la 66, todavía sin casco y metemos acelerador hasta las sesenta millas por hora. La ruta está desierta y las máquinas se desplazan sin dificultad. Hablamos de moto a moto. Pasamos frente a una planta de energía nuclear en Braidwood, frente a un depósito de armas del ejército. En este tramo nos cruzamos con muchos harlistas, algunos frescos y erguidos, otros que parecen llevar medio EEUU a cuestas. Uno pasa a bordo de una Fatboy con su mamma enfundada en cuero. Nos saludan con sonrisas sinceras.

En todos los pueblos y caminos notamos respeto por las motos. Podemos ir a treinta millas ocupando los dos carriles y nadie nos va a tocar bocina. Si un auto nos quiere pasar, se ocupa de ir pegado a la banquina de la otra mano.

Surcamos O`Dell y entramos a Dwight. Rama se pone a perseguir unas ardillas. No puedo entender su fascinación con las ardillas. Las sigue, las señala, se ríe, yo lo sigo y nos perdemos dando vueltas por calles que parecen conectarse con ellas mismas.

Cruzamos una vía, un molino, tanques de agua y no conseguimos volver a la 66. No aguanto las ganas de despachar los litros de jugo de cranberry del desayuno. Al costado de las vías de tren hay un museo. Bajo a buscar el baño.

El lugar está montado en un ambiente grande, lleno de vitrinas. En el pasillo principal hay un ataúd de madera y al costado del ataúd, el encargado del museo sentado en una silla con cara de estar yéndose. Ya no me sorprende nada. El viejo se pone muy contento con mi visita. Me hace firmar el guestbook y veo que soy el primer visitante en una semana. Necesito abrir el ataúd y llenarlo de cranberry pero el viejo me cuenta la historia de una fábrica de mandolinas. Digo "Yes, yes, great, beautiful" y a la primera de cambio salgo al trote para el fondo. Dos minutos parado frente al mingitorio. Salgo aliviado y el viejo quiere seguir con las mandolinas. Digo "Really? Great, beatiful" y salgo.

Más adelante paramos en la estación Texaco histórica, la misma de la ida. La encargada nos recibe con una dulzura que se me escapa. Sacamos fotos al taller mecánico adjunto y compramos dos root beers.

Me siento a degustar mi botella en un banco de madera mirando los pastizales y el highway. Entonces aparece Rama, se sienta del mismo lado y el banco hace willy. Derramo una buena parte de la botella encima de mi remera. Eso mismo en Buenos Aires hubiera significado volver a casa y cambiarme de ropa. En la ruta hay muchas cosas que se simplifican. Me saco la campera, me saco la remera y la exprimo. Eso es todo. Terminamos las botellas y oímos la música del viento entre los pastizales. La vieja nos despide con "Have a good trip, a safe trip"

Seguimos un buen tramo hasta el Gemini Giant de Willmington y cuando asoma la llovizna entramos al Polk a Dot para probar las papas con chilli. En el baño noto que mis ojos están rojos y que tengo la cara quemada por el viento. No me preocupa. Sé que en algún momento voy a conseguir gotas Visine y cortisona y una cama para dormir. Ahora no hay nada que hacer. En una de las paredes veo una foto de Elvis con Priscila y me acuerdo de Zoe, sonriendo, de su voz en el contestador.

Vuelvo a la mesa y Rama le está entrando a las papas con queso y chilli. Me sumo sin ganas. Todavía me dura el efecto del desayuno. Terminamos las papas y descansamos en el box. Una de las peores cosas de la ruta es cuando el tiempo te corre. Tenemos un largo trecho hasta O´Hare y la opción de una sobremesa tranquila esperando que pare la lluvia no existe.

Secamos los asientos con servilletas de papel y salimos bajo la lluvia.

Comemos ruta y en Joliet entramos al museo sin pagar con la excusa del baño. Igual era un falso museo. En planta baja algunas cosas ruteras y después pelotudeces sobre los bomberos del pueblo y cuanta forrada estuviera a mano.

Volvemos a la ruta. Surcamos puentes, cruzamos White Fence Farm y otros puntos ya conocidos sin desviarnos. La tarde está avanzada y el cielo adelante se ve bastante cargado. La lluvia es tranquila pero constante y no pasa mucho antes de tener las piernas mojadas por el arrastre de agua.

Entrando a los suburbios de Chicago se intensifica el mal clima y el camino se hace pesado. Rama enciende el GPS y nos plegamos al recorrido que propone el aparato.

La lluvia es preocupante, apenas logro ver con los anteojos empapados. Rama tiene un triangulo oscuro de humedad en los pantalones. Yo debo estar igual.

En un semáforo nos ponemos a la par. Le propongo parar pero me grita que solo faltan 16 millas. Podemos aguantar 16 millas. Seguimos y cuando creía que nada podía empeorar el frío y la incomodidad, los borcegos ceden ante el agua. Tengo los pies congelados. En los indicadores, otra vez aparece el tanque de nafta amarillo. Avanzamos las 16 millas y no vemos aparecer el hotel, ningún hotel. Nos metemos en una estación de servicio a cargar nafta.

Estoy por ingresar la tarjeta de crédito en el surtidor cuando noto algo raro. El display está apagado, el teclado oxidado. Miro el otro pump, los picos cuelgan flácidos. Miro alrededor, no hay nadie, el agua se filtra por los techos agujereados. Es una estación abandonada. Nuestras ganas, nuestra desesperación la hicieron ver diferente. Lo mismo con el GPS. Nuestras ganas de ver 16 millas cuando eran 38.

Esperamos a que pare un poco la lluvia. Ni siquiera podemos sentarnos a tomar un café, no tenemos ganas de hablar, estamos empapados, incómodos, el cielo está a punto de derrumbarse y no hay un claro en ninguna dirección.

Esperamos 45 minutos y terminamos saliendo casi con la misma lluvia que al principio.

Nos incorporamos a la brutalidad de la I55. Somos las únicas motos en el temporal. Circulamos en fila rodeados de camiones. Yo no tengo idea de cuánto más puedo tirar con la reserva. En mi cabeza se va formando la escena: el motor de mi Harley pistonéa y se apaga, mi moto pierde velocidad en la mitad de la I55, trato de llegar a la banquina pero un camión de 5 ejes me pasa por arriba. Assist Card recoje mis restos con ayuda de una espátula y los manda a la casa de mi vieja en Argentina en una caja rotulada "Repatración de restos (nunca vimos algo así)"

Decido apoyar un dedo en la bocina así cuando me quede sin nafta puedo alterar a Rama. Seguimos y seguimos y en la curva de bajada le agradezco a Dios haber estirado la reserva tantas millas.

Paramos en una estación que afortunadamente no está abandonada y Rama envuelve el GPS con una bolsa transparente. Yo creo que más agua ya no podría chupar.

Reviso el status del Android y los handies. Saco las baterías y sacudo la humedad.

Hacemos las últimas millas y entrando a la calle del hotel, la lluvia para del todo. El Hyatt 4 estrellas nos recibe con un juego insoportable de confort y amabilidad que desentona con lo que somos ahora.

Pisamos los pasillos de mármol dejando un reguero de agua. Los pasajeros se dan vuelta para mirarnos. Se asustan por nuestros ojos inyectados en sangre, por los labios morados y el andar contracturado.

Me comunico con monosílabos: luggage, room, ok. En la habitación me ducho con agua hirviendo. Después tomamos sopa con galletitas y barritas de cereal.

Rama ojea una revista sobre Chicago y dice "Tenemos que conocer el downtown" Eso es todo. Me clavo dos cafias plus y estamos caminando hacia el tren.

Me siento impaciente y encerrado mientas espero al tren. Ya en el vagón me duermo completamente. Rama me despierta al llegar al loop.

Chicago es apasionante. Bajamos hacia el Lake Michigan bajo los techos metálicos de los trenes y nos ponemos a hablar con un encargado de seguridad que devora un pancho y nos recomienda la zona de bares. Estamos muy cansados pero esa zona de bares relatada por el tipo de seguridad nos puede. Caminamos y caminamos.

Cerca del Oriental Theater vemos pasar una Sportster Custom y nos damos vuelta como si hubiera sido un culo argentino. Seguimos caminando y más y todavía más. Finalmente llegamos a la calle de bares pero no hay nada. Un conserje de hotel nos explica que la movida queda a unas diez cuadras. Nos arrastramos esas diez cuadras.

La zona de bares está compuesta por tres lugares pedorros y espaciados. El mejorcito es un bar irlandés, como un Kilkenni pero chico, sucio y lleno de tipos. Ni a Rama ni a mí nos gusta particularmente la cerveza, menos tomarla en un lugar sin mujeres.

Al lado del bar irlandés encontramos un boliche de Chicago Hot Dogs. Hay seis chicas comiendo a los gritos. Entramos y pedimos dos panchos con jalapeños y una fuente de papas y shrimp. Rama se pone a hablar con la más linda, una española pechocha. Yo ataco a la segunda, linda, una morochita de… Bosnia. Lo único que sé de Bosnia es que usan jogging con zapatos de vestir así que la charla muere. La charla de Rama también. Entonces los mexicanos de la cocina van al ataque. Las cortejan, las invitan a salir con tonadita Cantinflas. Ahí es una cuestión de orgullo.

Dejamos enfriar la comida y vamos con todo, les cantamos al oído Seminare, les contamos historias de ruta, entretenemos hasta a la más feita, esa que se tapa los bigotes con el pancho, Rama saca a bailar a la pechocha, yo hago que bailo con la Bosnia pero simplemente la apoyo. A pesar del esfuerzo y las risas, las chicas se van. Los Mexicanos nos miran. Uno se anima.

- Che, Argentinos, se enfriaron los hotdogs.

Que ni nos importa. Comemos los panchos tibios y yo me mando un jalapeño entero sin notar que nos habíamos terminado la coca. No existe la posibilidad de pedir un vaso de agua así que me la banco y salimos a las calles de Chicago. Me arde la boca, la cara, el cuello pero lo bueno es que no siento frío. Encontramos una estación del CTA a dos cuadras y Rama entiende al instante el gráfico de conexiones. Tararéa y dice "Pum, pum, Jackson, combinación, turum, listo" Yo confío en él, solo puedo concentrarme en el incendio bucal. Me duermo profundo en el segundo tren y salgo de la estación cabeceando, en trance, tragando saliva. Caminamos las cuadras largas por la zona del aeropuerto y después los pasillos largos del Hyatt. Me tomo todo el agua de Chicago y caigo en la cama vestido.

Al otro día salimos temprano, sin desayunar. Las motos se deslizan por las avenidas del aeropuerto. Hay una neblina baja. Avanzamos y siento estar atravesando una nube. Las calles están cubiertas por una alfombra helada y resbaladiza. Venimos circulando ligero y en un cruce nos sorprende el semáforo. Rama va a cruzar y se arrepiente. En un instante entiendo que algo malo está por suceder.

A través de los anteojos nublados veo la Harley de Rama vandeándose un poco a la derecha y después dando un giro descontrolado a la izquierda. La moto ya tiene un ángulo irrecuperable, se viene lo peor. Entonces, Rama da un salto extraño, y mira de costado a la Harley patinando sobre el mataperro. Yo cruzo mi moto y freno el tránsito, un tipo me ayuda con su camioneta. "Is everything ok?" Rama agarra el GPS, sube la moto, la arranca y sale andando. Paramos más adelante. Lo miro, miro la moto. No hay rastros de ninguna caída.

Llegamos al Downtown Chicago y se sostiene el romance de la noche anterior. Cruzamos puentes y sacamos fotos con los edificios de fondo. Ahí bordeamos el Lake Michigan. El frío avanza desde el agua como un bloque de hielo pero hay cientos de tipos y minas haciendo jogging en shorts y remeras de manga corta. Lo único que entiendo es que nos dura el frío de la ruta.

Paramos en la esquina de un Bakery muy fino y

entramos a buscar café y bagels. Adentro suena jazz, los colores son tenues y la calefacción nos reconforta. Estiramos el café y los refill por una hora. Volvemos a buscar las motos y enfilamos para el Lou Mitchells Dinner. En la puerta hay una cola larga de gente medigando un lugar. Nos sacamos fotos con los carteles y ahí vuelve la llovizna. En cuestión de segundos se transforma en un diluvio.

Ponemos las motos bajo un techo al costado de Union Station. El agua sigue cayendo. Veo como el agua sumerge la rueda de la Harley y me pregunto cuánto más es necesario para considerar eso una inundación.

El GPS tiene una línea de batería y ya sé que no va a ubicar el Warehouse de Villa Park. Además, vamos justos para devolver las motos, tomar un taxi al hotel, hacer el checkout, tomar un shuttle al aeropuerto y embarcar.

A los cuarenta minutos el agua disminuye y salimos. A las diez cuadras tenemos que volver a parar. Es imposible circular así y no se trata de estar mojados porque el agua me llega a los calzoncillos.

Dos viejas que esperan el colectivo nos dan charla, piensan que vinimos andando desde la Florida por las matriculas.

Para un poco y salimos. Ahí pegamos un buen tramo por una calle periférica bajo un puente ferroviario. La calle desemboca en una avenida de dos manos enmarcada por edificios descascarados. Por las veredas deambulan drogadictos perdidos. Mi atención se fija en uno que camina con los pantalones caídos y una mano en alto, al cielo. Son muchas cuadras por esa zona y me ensombrece porque así es la moto, estás permeable, viviendo el trayecto, los olores y el clima. Recién consigo evadirme cuando la avenida se abre en una zona comercial. Ahí la lluvia se intensifica y buscamos refugio en el estacionamiento de un consultorio odontológico.

Aguantamos media hora y empiezo a entender la posibilidad de perder el vuelo. Me hace sentir mal, de muy mal humor.

Ni bien se produce una baja del agua, salimos y comemos millas a velocidad moderada. El agua nos tira la ropa para abajo, tenemos los labios morados y otra vez siento las vértebras apretando los nervios. Todo el flanco izquierdo está dormido.

La altura de la avenida no guarda ninguna relación con la lógica. Deberíamos haber llegado pero no hay nada remotamente parecido el warehouse. En un restaurante nos orientan y seguimos unas veinte cuadras. Ahí encontramos el lugar.

Los tipos de Harley nos reciben con toallas y café caliente. Apuran los papeles y uno de ellos nos lleva en su camioneta al hotel. En el camino se desata una tormenta épica con rayos y vientos huracanados. Los minutos pasan y el GPS indica que el tipo de Harley está más perdido que la reconcha de su hermana. Le digo que no es por ahí pero él insiste, que trabajó acá y allá y que conoce todos los caminos. Finalmente el GPS y yo logramos convencerlo y se dirige al lugar correcto.

En el hotel dividimos tareas, yo hago el checkout, Rama busca las valijas. Nos colgamos al Shuttle y ya en el aeropuerto, una mina de American nos informa que todos los vuelos están demorados por el temporal.

Hay tres horas antes de embarcar. Cierro los ojos y recuerdo esa foto que me saqué en Pontiac, tirado sobre el asfalto de la 66.

6 HONDA SHADOW 750, FLORIDA KEYS, US1

Llegamos unos días antes para evitar entrarle a la ruta con el cansancio empastillado de Chicago. Igual no aguantamos la ansiedad y vamos hasta Washington y la 11 a ver las motos. Tienen Honda, BMW 1200, Triumph y algunos Tri Glide contradictoriamente bautizados Ultra-Classic. Al fondo preparan nuestras Hondas Shadow 750. Pido que agreguen alforjas y consulto sobre el consumo y las estaciones de servicio pero me contestan y yo miro las motos y no registro nada.

Pasamos dos días rodeados de electrónica, tomando

Jack Daniels, reuniéndonos con gente por la guía de viajes pero en realidad yo no estoy acá. No me interesa comprar iPads, ni Media Centers ni otra Thinkpad. Mucho menos hacer negocios. Lo único que compro es un Fisher Space Pen de u$16 para escribir acostado en la cama, mirando el techo.

Llega el viernes y me dan un departamento gratis en lo mejor de South Beach para hacer una review. Recorro las habitaciones y el baño y la cocina y la pileta y me parece todo envuelto en papel de slogan. Al menos Rama está contento. Se tira en la cama, conecta el iPod al dock, enciende la tele y hace ruido con la licuadora de tragos. Yo siento ganas de romper todo: los muebles, la tele, la licuadora y los adornos. Rama siente el vibe y me saca a caminar por Lincoln. Ahí conocemos a una abogada argentina y nos cuenta a la segunda cuadra que un cajero del Banco Río le mejicaneó 1000 dólares y que el novio la dejó. Parece tener muchas más historias tristes dando vueltas. La llevamos a un bar sobre Washington y pido 15 cervezas en un balde. La argentina toma poco y nada. Nosotros liquidamos 14 cervezas y comemos montaditos y la despedimos en la parada del colectivo como esos tipos que saben tener amigas.

Al día siguiente vamos a buscar las Shadow. Nos atiende un colorado con el logo del negocio deformado por la musculatura. Firmamos contrato y seguro y cupones de tarjeta y finalmente estamos avanzando en el callejón hacia la 12 con las Shadow.

Muevo mi moto con prudencia. La siento ancha, pesada y me sorprendo con una tecnología de punta para ver quien viene detrás. Se llama espejo y en tiempos de mi Gilera clásica no se usaba. La Shadow 750 es cómoda, cardánica y genera un sonido agudo, una especie de zumbido sin relación a la terrible vibración del tanque y el manillar. El velocímetro es grande y legible. Tiene un odómetro digital. Arriba, cerca del cristo, hay un indicador de luz de contacto, guiño y neutro. No encuentro forma de poner la baliza y me acuerdo un poco de mi viejo: "vos dale todo derecho"

Avanzamos por Washington hasta la cinco y subimos al A1A para cruzar al continente. Las motos se desplazan a 50 millas por hora. Tenemos los megacruceros a la izquierda y el manto de la bahía a la derecha. Coordinamos bien con el tráfico que va hacia el Oeste pero subyace cierta sensación de no estar en control todavía.

Hacemos el rodeo para entrar a la US1 y en mi cabeza suena la voz sintetizada de un GPS "RECALCULANDO, RECALCULANDO" Para los GPS siempre hay un camino más económico y directo. Nosotros vamos a ir por la US1 al sur, tarde lo que tarde.

La US1 tiene un trazado irregular. Por el downtown, Miami dobla, cruza un puente y serpentea entre las torres brutales de Brickell. Después se aleja de la costa bordeando un tren suspendido. En este tramo, tenemos muchos problemas en evitar adelantar el tráfico. Por suerte no hay patrulleros. Pasamos Coral Gables, Pinecrest y Gould sumergidos en una larga tira de autos y camionetas. Por el momento, la idea no está funcionando bien. Me pregunto qué va a pasar si todo el camino por la US1 sigue así. Además está el calor normal, de transpirar una remera pero esto es más bien como tener un caloventor soplando fuego desde el asfalto.

Paramos a comprar algo fresco y estirar las piernas a la altura de Homestead. Cuando volvemos a la US1 el tráfico se alivia y podemos avanzar un buen tramo sin estar embriagando y frenando. En el Overseas Hwy nos cruzamos con motos que vuelven de los cayos. Unos pocos nos saludan soltando la mano izquierda bajo el manubrio. Quizás porque tenemos Hondas y no Harley. Quizás porque llevamos esa cara de estar molestos por boludeces como el calor o los semáforos.

El paisaje se abre y avanzamos en una línea sobre el mar. Es todo tan lindo que me hace mal. Fijo la vista en la línea de la banquina, en los escapes de los autos y en el deterioro de algunas construcciones. Eso debe tener un nombre en psicología.

Los carteles anuncian que estamos llegando a Key Largo.

Bajamos la velocidad y Rama decide tomar en U para reconocer la zona. Lo veo maniobrar cerrado sobre el ripio y un segundo después se levanta una nube de polvo blanco.

Paro la moto y salgo corriendo a ayudarlo.

Rama tiene esa cualidad de no quedar pegado. Porque la moto es traicionera, se cae y trae el impulso de seguirla. Pero Rama da su salto característico, como hizo en Chicago, como hizo mil veces con los negocios o las mujeres. Levantamos la Shadow. Miro un lado, miro el otro y nada. Resulta que las alforjas y el manubrio amortiguaron la caída. No anda la bocina, ni el guiño. De alguna forma mejor. Rama puede andar 100 millas con el guiño puesto.

Seguimos para el sur, parando en anticuarios y casas de arte. Son lindos lugares pero no llegan a ser interesantes como el peor puesto de donuts de la US66 o la US40. Más adelante encontramos un bar de pescadores que tiene algo de lo que estamos buscando. Hay un pool, una rocola, escenario para bandas de rock, viejos amplificadores

Marshall y la historia del lugar colgada en recortes de diario. La bartender es una vieja de 70 años. Nos sirve limonada con hielo y volvemos a la ruta.

Ya van varias horas y decidimos parar a controlar nafta y aceite. La estación tiene unos veinte pumps y está justo antes de un puente así que se me ocurre que podría ser una de las últimas hasta Key West. En la moto de Rama solo entran u$5. Abro mi tanque, lo muevo y veo burbujear casi toda la nafta. Decido no cargar.

Cruzamos el puente, pasamos Tavernier y llegamos a Isla Morada. Es una zona con cierta amplitud y muchas edificaciones de madera. Cruzamos de mano y estacionamos en un resort de playa. Al costado, un Audi, un Maserati, un Jaguar. Las motos desentonan. Nosotros también.

El muelle del resort se despliega hacia una laguna cinematográfica. De fondo, música de timbales. Hay un tipo con camisa hawaiana ensayando para un casamiento. El auditorio son unas 15 filas de sillas vacías. Los invitados agarran canapés tratando de parecer naturales con ropa formal en la playa.

Bordeamos el embarcadero. Hay dos barras y un bar y muchos prom-guys con bermudas, gorritas y actitud de querer empezar una pelea. Nadie nos atiende. Volvemos a la ruta tragando polvo y bajamos por la US1. El calor y la sed son insoportables así que abrimos las camisas y dejamos llegar el viento.

Por un buen tramo no aparecen estaciones de servicio y entonces veo dos pumps viejos y un cartel "Joe and Carl" o viceversa. Cargo todo lo que entra en el tanque de mi Shadow y seguimos.

No hay mucho ahora, salvo agua a los lados y una ruta perfecta. A la sed se agrega el hambre. Cruzamos de lado apenas encontramos una estación con cierta magnitud. Hay demasiadas opciones de café: de filtro, de máquina, saborizado, café frío, marca tal, marca tal otra, etc Lo mismo para los sandwiches. Nos decidimos por un ham and cheese a u$5 y gaseosas de máquina a $0,69 el vaso. El cajero me da un recipiente descomunal, debe cargar un litro y medio. Ahora tengo que elegir entre 25 gaseosas, hielo entero o hielo picado...

Tomamos y comemos mirando la ruta. Yo me guardo varios lápices verdes del Florida Lottery. Tienen el tamaño ideal para mi libreta de notas.

Volvemos a las motos, Rama arranca y cruza de lado. Yo estoy en bajada y la moto no arranca. Freno, embriago, acelero. Nada. Pruebo otra vez. Nada. Meto cebador. Nada. A fuerza de insistir consigo arrancarla, cruzar de lado y sumarme a la ruta pero el avance es preocupante. La Shadow se siente achanchada, intermitente. Me hace acordar un poco a mi Gilera. Quizás la Gilera es como Buenos Aires, la llevás a todas partes.

Hacia el fin de Isla Morada encontramos una galería de arte donde usan la madera de trampas para cangrejos. No compro nada y me arrepiento pero, como el falso Borges, necesito viajar liviano.

Otra vez tengo problemas para arrancar. La Shadow está ahogada y parece que la nafta sube con pausas. Esta vuelta al menos no estoy en subida. Por un momento parece que la voy a dejar sin batería, entonces, la Shadow ruge y larga una nube de humo.

Otra vez al camino.

Sobre la derecha hay una tienda de artesanías con un insecto en tamaño apocalíptico. Un poco más adelante un Flea Market pero estamos en el punto donde el único atractivo es comer ruta hasta la milla cero.

Ya no hace calor pero sigo con la camisa abierta y el viento arriba de los puentes es tan fuerte que parece que va a romper la tela. La funda del celular lleva velcro y no hay forma de mantenerla cerrada. De acuerdo a la ley de Newton, el celular no debería caerse pero me pongo a maniobrar para trabar la funda con la camisa y la moto sigue andando a 60 millas. Morir a lo Pappo es malo pero por culpa de un teléfono Android que te regalaron en una exposición, peor.

Tomo la decisión de que no importa. No importa el teléfono, no importa en qué hotel vamos a pasar la noche, no importa si alcanza la nafta. Estoy acá, ahora, cruzando un puente, rodeado de mar y el sol es la primera caricia de una minita hermosa.

Entonces llegamos al puente de las siete millas. Acelero, me pongo a la par de Rama y le grito que estamos en el puente de las siete millas. El, obviamente sabe leer y también vio el cartel. Lo noto generalmente entusiasmado pero no particularmente entusiasmado.

Para mí hay algo mágico en este tramo. Avanzo, me chupo a la banquina y abro los sentidos. A la derecha está el viejo puente, los parantes de luz, los pescadores, el mar burbujeando, a la derecha una isla.

Me concentro en lo que pasa. Respiro, respiro, dejo llegar el viento a los pulmones, pego un grito y otro y otro más.

Soy un punto avanzando en un puente angosto que

entra al océano. Basta un amague de tormenta para borrarme con todos mis nombres y mi historia y mis textos no publicados.

Recuerdo los días bravos, llorando bajo los Rayban, en el cementerio de Tablada. Y algo en este puente filtra la tristeza, termina el duelo.

Acelero y me limpio.

Una cosa es llegar a Key West borracho en un crucero y otra sobrio en moto. En el primer caso es mucho más fácil encontrar Duval St. Alcanzamos una escollera y dejamos las motos para ver los últimos minutos del sol. Sobre el cielo, un biplano hace acrobacias.

El sol no termina de caer y me empiezo a impacientar. Quiero encontrar un hotel, darme un baño caliente, salir a comer. Rama impone su propio ritmo que es sacar quinientas fotos al sol y la escollera y mirar el horizonte pensando quién sabe qué cosas.

Vuelvo a la Shadow. Cada vez arranca peor y ahí me doy cuenta de que el problema empezó en esa estación de servicio "Carl y Joe" El famoso caso de la nafta rebajada. Paramos en una Texaco y meto nafta al tope. La moto arranca al tercer intento. Es un avance.

Salimos pero al rato volvemos a parar. Estamos en el Southernmost Point, a 90 millas de Cuba. Le traduzco a Rama los carteles pero en realidad no leo nada, invento la historia entera. Después seguimos en busca de Duval St.

La zona explota. Hay grupos de chicas, bachelors parties, artistas callejeros, música, olor a pescado frito. Hasta la casa de Hemingway está enfiestada. Se ven luces de colores y empleados bailando como indios.

Estacionamos frente a un Starbucks. Usando la conexión del lugar oferto con el Android por un hotel en Key West. Nada. Me fijo en Hotwire. Nada. Caminamos dos cuadras hasta un hotel. La encargada es una gordita rubia con cara de susto. Para mí, estamos en relativo buen estado. Nos hubiera visto en Chicago y se cagaba encima. Dice que no tiene ningún cuarto. Le pregunto si sabe de otro hotel. No sabe. Preguntamos en un hotel cinco cuadras arriba y nada. Preguntamos en otro hotel que dice claro y legible "Vacancy" pero resulta que el segmento del cartel que dice "No" está quemado. La chica nos deja tomar limonada del lobby o al menos no lo impide y nos avisa que todo Key West está lleno.

- Cinco de maio... you know... tequila party.

Rama toma su tercera limonada y me mira con rictus idiotum. Que no importa, que más lejos del centro vamos a encontrar. Agarramos US1 y llegamos hasta la entrada de Key West. Nada. De hecho empezamos a encontrar autos con gente en la misma circunstancia.

Por unos minutos nos bloqueamos. A esa altura habíamos considerado estar bañados y cómodamente sentados en un restaurante, entrándole a los cangrejos. Pero no tenemos donde bañarnos ni donde pasar la noche. Estamos incómodos, cansados, en la última milla de la última isla de la Florida.

En Argentina uno siempre puede dormir en la playa o en la entrada de un banco. Hasta en la sala del cajero automático del banco. En EEUU, apenas cabeceás en un lugar público, aparece la policía.

Decidimos cambiarnos las camisas, peinarnos, interceptar mujeres. Con suerte terminamos en una habitación ajena. Caso contrario, hay un Wendys 24 horas que podría servir para dormitar junto a una taza de café. Es un plan malísimo pero el único que tenemos.

Estacionamos las motos sobre Duval y empezamos a piropear. La respuesta es menor, casi inexistente. Está claro que llevamos unas diez horas de ruta encima y que si nos dan a elegir entre coger mujeres o usar sus camas, gana la segunda opción.

Comemos un mix de crab cakes, papas fritas y shrimp en un local al paso que atiende un argentino llamado Luis. Rama va a buscar la segunda tanda de Samuel Adams y yo veo como pasa una chica en minishort acompañado de un flaco andrógino. Se encuentran con una amiga muy linda de anteojitos, la amiga muy linda de anteojitos está con otros amigos. Las chicas intercambian unas pocas palabras y empiezan a apretar. Los pibes filman con el celular. En general lo que pasa con las lesbianas es que hay una linda y la otra es La Raulito así que no sirve mucho como fantasía pero en este caso, la escena es inmejorable. La cosa termina sin más. La chica de anteojitos pasa a mi lado y me pregunta si disfruté el show. Vuelve Rama y le cuento y me dice "macanudo"

Terminamos las cervezas y miramos la hora.

Todavía pienso que puedo conocer a alguna mujer que nos invite a su hotel y Rama piensa que podemos conseguir un hotel alejado con habitaciones libres. Pero nada de ésto sucede. La última línea de energía se consume mientras hablamos con una rubiecita realtor y su amiga chino-jamaiquina. Está todo más que bien. Quieren terminar su langosta, después ir a bailar y después quién sabe, encontrarnos en Miami. Nosotros necesitamos una cama ahora, un baño ahora.

Reunión de directorio en Duval y Southard St. Temario: "el tiempo es la primera estafa" Yo que leí a Hawking sé muy bien que se vienen terribles horas chicle. Tomamos la decisión de subir al norte por los puentes y las rutas oscuras que atraviesan el océano hasta encontrar un hotel. De esa forma vamos a desperdiciar solo parte de la noche pero al día siguiente vamos a estar en condiciones de seguir viaje. ¿Qué es lo peor que puede pasar?

Nos ponemos las camperas, los guantes y subimos por la US1.

Salimos de Key West y en la ruta de entrada veo un cartel azul con la letra H. "Hotel" grito. Nos pasamos de mano y vamos curveando por un camino emboscado. Tengo fe en mi hallazgo. Nadie vio el cartel pero yo sí porque soy un tipo atento a los detalles. Veo las luces, ya puedo imaginar el cartel de Vacancy titilando, las sábanas tirantes y perfumadas. El camino se interrumpe en la entrada de una clínica privada. H de Hospital.

Volvemos a la US1 y encontramos algunos moteles de ruta pero tienen cartel de No Vacancy. Con cada rechazo, Rama hunde la cabeza en los hombros. Su moto avanza despacio y zigzagueante.

Vamos tomando velocidad y el viento me hace achinar los ojos hasta dejar la mínima abertura. Me pongo a cantar "Siempre es lo mismo nena" Es mi forma de decirle a la ruta que acepto las cosas como son y que no estoy asustado por la noche, el viento y la posibilidad de quedar aplastado como Pappo.

Detrás nuestro se junta una fila de autos que escapan de Key West. Gente ebria, dormida y enojada acelerando para escapar de los cayos. Nos abrimos a los 10 cm de banquina y los dejamos pasar. La mejor distracción y la rueda podría cordonear.

Los autos se pierden adelante y recuperamos el carril.

No recuerdo bien si el puente de las 7 millas se encuentra antes o después de Marathon. Guardo cierta esperanza de que sea después. Llegado el caso, se me ocurre que lo mejor sería, frenar, verificar luces, abrigo, tomar una cafia pero veo el cartel "7 miles bridge" y ya estamos arriba.

Parar de día en un puente como éste es peligroso. Parar ahora sería suicida. Acelero y acelero pero el odómetro no pasa siquiera una milla. Y ahí escucho un rugido por la derecha. Instantes más tarde me embate el viento oceánico. La Honda Shadow pesa 243 kilos. Conmigo encima 313. El viento la vandea por el carril como si fuera una hoja de papel. Me chupo al tanque y manejo varias millas acostado.

Ahí me acuerdo de Rama. Miro por el espejo. Está atrás, bastante atrás. Me parece que está atrás. Recorro las últimas millas del puente y me apeo en una estación de servicio.

Al rato pasa un auto y otro y otro. La moto de Rama no aparece.

Después de una fila larga de autos aparece la Shadow de Rama a velocidad de ciclomotor. Rama tiene los labios azules y la cabeza hundida entre los hombros. Me siento responsable pero ya estamos en Marathon y vamos a conseguir un lugar para dormir.

Vemos un hotel a la izquierda, cruzamos de mano y entramos al parking. Hay autos pero no muchos, la luz de la oficina está encendida. Es un oasis, el paraíso. Subimos los escalones al trote y tocamos timbre, tocamos la puerta. Nadie. Nada. Un cartel indica que no quedan vacantes.

Tardamos un rato en decidir qué hacer. Ya no podemos pensar con claridad. Con los Android pegamos señal de Wifi y aprovecho para compartir la foto del cartel en Facebook. La desgracia de uno puede ser el divertimento de otro. Me imagino a alguno de todos esos contactos que tengo en Facebook, instalado en un sillón, recién bañado, tomando un café, con música de fondo.

Igual no los envidio. Me acuerdo del chiste de Seinfeld en Comedian: el avión que lleva a la orquesta de Glenn Miller aterriza una noche de nieve en un pueblo del sur. Los tipos de la orquesta tienen que cargar los instrumentos y caminar por la nieve varios kilómetros hasta el hotel. En el camino ven la ventana iluminada de una cabaña. Adentro hay una familia sentada a la mesa tomando sopa humeante. Uno de los músicos le dice a otro "No entiendo cómo puede vivir así ésta gente"

Arrancamos las Shadow y vamos hasta una estación de servicio. La encargada del negocio se preocupa por nosotros y nos recomienda un Holiday Inn Express, tres millas arriba. Dice que va a tener lugar pero que es caro. Justamente, el menor de nuestros problemas.

Llegamos al hotel y subimos las motos a la rampa. La chica de la recepción ni nos deja hablar "Sold Out". De yapa agrega que rechazó unas cien personas esta misma noche. Miro alrededor, el salón del desayuno tiene luz tenue y sillas acolchadas.

Le pregunto si podemos quedarnos ahí, durmiendo y me arrepiento enseguida de mi frontalidad. Tendría que haberle pedido si podíamos tomar un café y después sí, dormir tranquilos en un rincón. Obviamente nos rechaza.

Hay desprecio en su mirada. Salimos, miramos las motos, miramos la hora.

A Rama se le ocurre una idea. Nos ponemos los Rayban y nos sentamos en el banco de la entrada. Si alguien pasa, va a pensar que estamos esperando a un huésped. En menos de dos minutos estamos durmiendo. Cada tanto siento que pasa alguien, un auto, una persona. Estoy incómodo, 14 horas seguidas arriba de una moto no combinan bien con un banco de madera. Me recuesto y sostengo la cabeza con el apoyabrazos.

Aparece la chica de la recepción. Que cómo se nos ocurre, que no podemos dormir ahí, que una huésped se quejó, qué clase de personas somos. ¿Qué clase de personas? Ni idea. Nos incorporamos. Siento como si me estuvieran tirando cascotazos. Estoy mareado, dolido, malhumorado. Le digo a la chica del Holiday Inn que la interrupción de sueño es un método de tortura. No entiende. Nunca va a entender nada.

Arrancamos las Shadow y bajamos tres millas hasta la estación de servicio. La encargada nos deja usar el baño y nos recomienda instalarnos ahí mismo, en la estación pero lejos de las piedras. Por los escorpiones. Nos abrigamos y nos acostamos encima de las motos. Estoy más cómodo que en el banco del Holiday Inn pero el cartel de neón de la estación zumba como un insecto jurásico. Igual llega el sueño y pasa una hora, hora y media. Podíamos haber dormido más pero nos despertamos a los manotazos por una nube de mosquitos.

Las cinco de la mañana. Tenemos que hacer tiempo hasta el desayuno. Manejamos hasta el Walgreens, un terrible local aséptico, blanquecino e hiper iluminado. Me froto los ojos. No consigo ver nada. Después me voy acostumbrando. El encargado del local nos persigue por los pasillos. Nos pregunta dos o tres veces si necesitamos algo. Necesitamos muchas cosas. Ninguna que él pueda resolver.

Recorremos los pasillos, cada producto de cada góndola tiene algún interés para nosotros. Nos probamos anteojos de lectura, jugamos a la pelota, seleccionamos regalos para las chicas, comparamos pastillas para dormir, gotas quintuple acción, hojeamos el libro de los gatos de Hemingway. Cuando llegamos a la caja son las 7.01AM

Cruzamos la US1 para la otra mano como si fuera la calle Bartolomé Mitre en feriado y buscamos un buen lugar para desayunar. Descartamos el iHop y las otras cadenas y entramos a un bolichito llamado the Wooden Spoon. El lugar está lleno. Una camarera simpáticamente malhumorada nos sirve dos tazas de café negro. Pedimos pancakes con maple syrup, huevos y tostadas con manteca. De a poco nos vuelve el color a la cara. Vemos pasar el tráfico por la ventana y nos impaciente estar ahí detenidos.

Cargamos nafta y volvemos a la ruta. De todos los moteros que pasan, está claro que somos los más hechos mierda. Se nota que no dormimos ni nos cambiamos en muchas millas. Los saludos con la mano izquierda bajo el manubrio se multiplican.

Paramos en el museo de buceo. La excusa es hacer una nota para la guía de viajes pero en realidad todavía estamos débiles para seguir largos tramos.

La mañana corre y encontramos este lugar increíble en Isla Morada para comer Sea Food. Son las 11 y está cerrado pero una moza nos muestra los cangrejos y camarones y decidimos esperar. Nos sacamos los borcegos, los jeans y las camisas y entramos al mar en calzones. Es como nadar en mentho liptus. Mi cuerpo no está preparado para recibir tanta frescura. Nos secamos y dormitamos encima de unos bancos hasta que se hace la hora de comer.

Apenas pasaron unos minutos de las doce pero el restaurante está lleno. Conseguimos una mesa al fondo y comemos camarones, ostras con limón, cangrejo con manteca, pescado con salsa de piña, sushi, crocantes de maní, tarta de lima y postre Tres Leches. Todo exquisito y la cuenta da apenas u$60 más tax y propina.

Pegamos otra siesta de media hora sobre los bancos y volvemos a la ruta.

El camino está complicado por la gente que vuelve de Key West. Resignamos lugares que están en la otra mano porque es riesgoso entrar y salir con semejante tráfico. Nos metemos al oeste en algunos pueblos y vemos cómo viven: los embarcaderos, las lanchas, los balcones y las ventanas. Pasamos por un parque estatal con víboras venenosas y llegamos a una playa donde el asfalto de una perpendicular entra directo al mar. Es un lugar extraño, metafísico. Tenemos las motos apuntadas hacia el agua y un poco más adelante se ve un árbol anegado.

En un par de horas vamos a estar en Miami. Esto se acaba y quiero encontrar las palabras justas para despedir el momento pero pienso y pienso y no se me ocurre nada. Pongo contacto y hago tronar el escape de la Shadow. El motor ruge y llega unos segundos después, multiplicado, desde todas las direcciones.

ACERCA DEL AUTOR

Roni Bandini es un escritor, músico y actor argentino. Es autor de las novelas El Sueño Colbert, La Gran Monterrey y Paso a Nivel, y de los libros de crónicas Derecho de Autor y Crónicas sin Gloria.

Made in the USA
Monee, IL
29 November 2019

17608830R00066